AF409089

LORENZO SPURIO

La giovane poesia marchigiana

NON UNA GENERAZIONE. REALTÀ POETICHE D'OGGI NELL'UNICA REGIONE PLURALE

*Con prefazione di Antonio Spagnuolo
e uno scritto di Lucia Bonanni*

La giovane poesia marchigiana
di *Lorenzo Spurio*
prima edizione: Maggio 2019
© *2019*, Santelli editore

Santelli editore
Viale Giacomo Mancini 236,
87100 Cosenza
0984.406939
info@santellieditore.it
www.santellieditore.it

NOTA DELL'AUTORE

Dopo i precedenti volumi da me curati e presentati al pubblico in vari eventi in tutta la Regione Marche, ovvero l'antologia di poeti marchigiani in due volumi (il primo per i poeti in lingua, il secondo per i dialettali) che prende in esame i poeti qui nati, vissuti o deceduti in un arco di tempo che va dal 1830 ad oggi, *Convivio in versi. Mappatura democratica della poesia marchigiana* (PoetiKanten Edizioni, Sesto Fiorentino, 2016) e la collettanea di saggi arricchita da preziosi scatti di bellezze paesaggistiche e architettoniche dell'unica regione plurale, *Scritti marchigiani. Istantanee e dispositive letterarie* (Le Mezzelane Editore, Santa Maria Nuova, 2018 - con nota di lettura del poeta e critico letterario maceratese Guido Garufi), ho deciso di raccogliere in questo volume alcuni saggi e recensioni su opere poetiche, soprattutto della nuova generazione che si sta irrobustendo, venendo allo scoperto e facendosi conoscere per le sue abilità comunicative.

Trovano, però, spazio anche contributi critici dedicati a poeti che, pur non essendo più giovanissimi, con le loro poesie singole od opere pubblicate hanno a mio modesto parere lasciato un loro segno distintivo sul quale è giusto riflettere e argomentare.

A completamento del volume è una breve antologia poetica dove ho riportato per ciascun poeta di cui mi sono occupato in termini critici un testo che ne contraddistingue la propria poetica od opera *in progress*.

PREFAZIONE

L'impegno che il presente volume richiede è senza alcun dubbio di alto valore culturale, sia per le molteplici poetiche indagate sia per i variegati testi presentati, in quel fascino assoluto che l'attimo della lettura accenda tra l'immaginazione e la preziosa scoperta del segno.

Lorenzo Spurio con certosina cura esamina e propone ventitré interventi critici, veri e propri saggi, per numerosi autori, poeti tutti nati o residenti nella Marche. Una regione ricca di storia e di arte, che ha dato i natali a diversi personaggi, e che ancora oggi si distingue per il tono sostenuto sia in campo sociale che in prospettive di variegati recuperi.

Immergersi nell'opera richiede questa volta una spiccata capacità di coinvolgimento, perché le pagine sono pregne di ottima scrittura e di notevoli incisioni delle voci, pronte ad accoglierci all'interno di un complesso edificio, variegato nella sua struttura e singolarmente codificato nella sua forza espressiva. Si conferma l'autenticità della parola poetica, nutrita di vita, di passione, di proteste o di denuncia, nella fedeltà dei suoi modelli, e nella molteplicità della sue forme.

Tra le righe dei saggi il viaggio diventa particolarmente interessante, perché le copiose presenze si alternano in un caleidoscopico vortice che tocca svariati approdi. Così un "autore, in un suo poemetto composto da dieci stanze di dodici versi che esordisce con una citazione di D'Annunzio, ci trasporta in giro con lui in scenari mediterranei assolati, densi di profumi della natura, ambientazioni suadenti e da sogno, in una sorta di vacanza mitica negli scenari più fertili, culla di civiltà e popolazioni con una storia rispettabile degna di menzione."

O improvvisamente apprendiamo che la *body poetry* è una danza fondata sull'interpretazione, concezione legata alla forma dell'assolo, che si sviluppa nella danza moderna, e concordante con l'idea che la danza debba essere finalizzata all'espressione delle emozioni, obiettivo che può essere raggiunto solo tramite la ricerca interiore e una maggiore attenzione alle capacità del corpo. Segni e puntualizzazioni che scaturiscono dalle indagini che critici sono riusciti a evidenziare nel loro percorso.

Ricca di sorprese la raccolta, per una convivenza, mai artificiosa o forzata, tra scienza e realtà, ricerca e puntualizzazione, vertigini ed illusione di arrangiamenti, con un frequente ed intelligente ritorno alla capacità analitica, mai sterile. I cortocircuiti si rincorrono ed illuminano quelle zone d'ombra che possiedono il fascino dell'assoluto, quasi a voler realizzare un modello di riflessioni innestate nella concreta descrizione del testo.

Nell'alternanza delle sue architetture, l'antologia si affaccia nella leggenda dell'età moderna, ricca di accenti, che conservano, fortunatamente, molte tracce del suo travagliato cammino, sufficienti a ricostruirne l'identità di una scrittura che sfida la materia pulsante e si esplicita tra rigo e rigo nella totalità delle espressioni.

La parola è scelta con minuzia, a cesellare gli interventi verso un dove aggregante i correlativi oggettivi che spesso occorre ricercarli, operare ribaltamenti per ripescare il giusto filo di quella che è una narrazione d'istanti, ma pur sempre una narrazione di eventi lirici, perché poetare è raccontare se stessi. L'asservimento alla comunicazione – elemento fondativo di approccio sociale e di democratico scambio – non deve inceppare in sistemi di silenziazione dell'oralità che possono davvero significare il ritorno di spaventosi spauracchi; mentre è cosa saggia e determinante sottolineare con particolare veemenza la forza delle parole, il peso specifico di ciascun vocabolo, l'esorbitante e vaga misura che esso riesce a concepire nell'intimo della correlazione tra le frasi. Le sospensioni del discorrere sono un'esperienza incessante del cammino che ogni singolo autore ripete nell'attingimento edenico dell'ascolto, il trovarsi al centro di un mondo da sognare nel rapimento estatico delle apparizioni, o di ripensare attraverso l'annientamento del se l'oblio della mortalità.

Poesia e incisività critica che nascono da una spontaneità d'intenti, nella quale gli autori qui presentati affrontano tematiche cariche di sentimento e di partecipazione, testi ricchi di una cultura maturata negli anni e convinta di riallacciare i richiami di visioni o di paesaggi, di memorie conservate gelosamente o di scatti del subconscio, sempre pronto a svelare i segreti dell'intimo, del segno difficile a leggersi, anche quando tutto sembra possibile possa accadere. Ogni capitolo ha una sua esigenza particolare, è un'anima istrionica ma non ingannevole, è un'illuminazione di ciò che nella realtà ogni testo possiede per un tono di misura, per una traccia che consente di elevarsi al di sopra dell'aria greve della quotidianità, della polvere che insiste per accecare, distrarre, immobilizzare le apparenze, mentre l'intero "corpus" ha la solida compattezza di complessa rivelazione. Dalla fascinazione di un policromatismo femminile che degrada nelle visoni emozionali fuori dal romanticismo, per una sua pregnanza materica, alle sintesi irrequiete di lotte, condanne, ingiurie, che pullulano nel nostro contemporaneo. Dalla favola alle tradizioni popolari, che consegnano narrazioni di intrattenimento, alle frantumazioni di elementi soggettivi, che rivelano segreti e sentimenti nella traccia impietosa del gioco.

Non manca il tema attuale dell'immigrazione, affrontato, con la difficile fonia della forma poetica, da una giovane scrittrice. Di particolare interesse si presenta il capitolo XXIII nel quale vengono esaminate le opere di alcuni giovani poeti, in un lungo discorso critico che diviene la sfida alla semplice audacia dello sviscerare versi, tra accenni di passioni civili, di coinvolgimenti erotici, di sussurri clandestini, di scaltrezze giovanili, di fluidificazioni politiche, di vibrazioni deflagranti. Oscar Sartarelli, Raffaele Rovinelli, Fabrizio Sgroi, Matteo Piergigli, Lorenzo Fava, Michele Veschi, Cinzia Perrone e Fabio Strinati vengono presentati per quei fugaci ritorni in cui senti la poesia crepitare, la senti più vicino da percepirla a te circostante. Ed ecco allora che la ricerca si fa impetuosa per afferrarla a salde mani, per stringerla, per sconfiggere il non dicibile e restituire l'aria che fagocita il sacro e il nulla. Vengono dettagliatamente centellinate le opere di Marco Ausili, Francesco Innocenzi, Martina Luce Piermarini, Eugenio Kaen, Marco Fortuna, Mauro Cesaretti, Lella De Marci, Jessica Vesprini, Gianni Palazzesi, Sabrina Galli, Michela Tombi, Piero Talevi, Alessandra Gabanelli, Andrea Ansevini, Marco Squarcia, Giorgia Spurio, Fabio Grimaldi, Lorena Zampa, Rita Angelelli, Renata Morbidelli, Elvio Angeletti, Asmae Dachan, Valtero Curzi, Rita Marchegiani, Morena Oro, Bruno Mohorovich, Camilla Dania, in un rincorrere di dati biobibliografici e in uno approfondimento innovativo che rende il volume senza alcun dubbio prezioso, affondando ogni radice nel magma di grande valenza dottrinaria.

Antonio Spagnuolo

Napoli, gennaio 2019

I

MARCO AUSILI, LA NEO-LINGUA DELLA GLOBALITÀ[1]

La tetra-partizione di *Global Carmina* (Italic Pequod, 2017) di Marco Ausili (Ancona, 1988) aiuta a immergersi in canali interpretativi diversi. Il lettore viene, infatti, come incuriosito a seguire quattro differenti percorsi poetici, disuguali tra loro non solo in termini meramente tematici, come spesso avviene in sillogi composte da più compartimenti, ma a livello stilistico e formale. Meritoriamente vincitore del 1° premio assoluto del Premio Letterario "Città di Ancona" nel 2016 indetto dall'Associazione Culturale "Voci Nostre" con una selezionata scelta di liriche, Ausili la ripropone qui in apertura di questo suo primo vero e proprio libro. Si tratta della sezione che porta il titolo *Lo spazio di un'estate*, di certo la parte più facilmente fruibile e quella maggiormente dotata d'immagini di luce e speranza. L'autore, in questo poemetto composto da dieci stanze di dodici versi che esordisce con una citazione di D'Annunzio, ci trasporta in giro con lui in scenari mediterranei assolati, densi di profumi della natura, ambientazioni suadenti e da sogno, in una sorta di vacanza mitica lì negli scenari più fertili, culla di civiltà e popolazioni con una storia rispettabile degna di menzione. L'autore non

---

[1] Con alcune piccole modifiche e integrazioni tale testo corrisponde alla prefazione al MARCO AUSILI, *Global Carmina*, Italic Pequod, Ancona, 2017.

è intenzionato a tratteggiare gli aspetti più inclini a cogliere il carico di storia né le fondamenta archeologiche delle città che cita (Naxus, Amalfi, etc.) ma focalizza l'attenzione sull'elemento mare e in particolare sul *non luogo* del porto, punto d'attracco e di ripartenza, crocevia di passaggi, meta disincantata e funzionale a un peregrinare continuo.

È così che ci si sposta, sull'onda di questo tragitto equoreo, tra coste e baie, mari e antri acquosi sino alle isole nostrane e altre a noi geograficamente lontane in una sorta di genesi panteistica dove il viaggiatore in pace con se stesso usufruisce di una vista meravigliata e accogliente, beandosi di ciò che lo circonda.

La seconda sezione si discosta di parecchio da queste pennellate suggestive con tocchi di colori caldi che hanno raffigurato il mondo di fuori per concentrarsi, invece, sul mondo interiore, intimo e contemplativo dell'autore. A dominare, come il titolo della sezione ben anticipa, è il motivo dell'ossessione, vale a dire il sentimento di paura. Si badi bene che non si tratta di una paura semplice e frivola, figlia della giovinezza e dell'inesperienza ma di un dilemma conoscitivo più ampio, di una sorta di dramma latente che si accentua nelle dimensioni più varie mettendo l'uomo, il nostro autore, dinanzi a situazioni di scoraggiamento o di minaccia. Il pensiero si fa ossessivamente accentrato attorno alla questione ontologica, vale a dire persegue reiteratamente i dilemmi esistenziali, la paura della morte, l'incertezza e la caducità della vita, il mistero che soggiace tra il concreto e il passaggio all'aldilà difficilmente congetturabile. Tali riflessioni vengono spesso originate dal ricordo di momenti della vita familiare quali la presenza rassicurante dei nonni, memorie del padre calato in situazioni che, viste con gli occhi di bambino, ora sono impraticabili e così lontane dalla loro manifestazione. S'insinua allora una riflessione serrata sul tempo nella quale è impossibile non percepire una certa mestizia e una profonda nostalgia che risiedono nell'animo di un uomo che sa osservare il cambiamento pur rimanendo radicato alle sue origini e alla storia familiare.

Se il tono del dialogo poetico sembra in un certo modo appiattito tanto da mostrare una condizione di vulnerabilità nei confronti dell'esistenza, la sezione *Sentieri ininterrotti* può sembrare più sofisticata essendo nata dalla rielaborazione di concetti meramente filosofici che presuppongono un procedimento di acquisizione, sintesi e applicazione. Qui Ausili, sulla scorta di letture dell'esistenzialista Heidegger affronta il tema caro all'*intelligentia* del secolo passato vale a dire il senso dell'esserci, l'importanza dell'atto partecipativo, conoscitivo e di consapevolezza che ci porta a vivere relazionandoci a un contesto. Pure laddove può manifestarsi uno "*sfiorito presentimento*", un'ombra di qualcosa più grande che può assalirci, il poeta è in grado stavolta di dare una lettura se non propiziatoria e felice, senz'altro aperta e a tratti rincuorante: "*Passera l'intera mattina/ a ricostruire sereno tutto/ il figlio contento di creare,/ con calma, senza lutto*".

Un approfondimento tutto suo merita la terza sezione del libro, *Global Carmina*, che dà il titolo all'intero lavoro. 'Carmina', termine che deriva da *carme* sta a significare una raccolta di canti dal tono alto o rituale, spesso così definita in tempi a noi distanti (età romana) ripreso anche durante il periodo rinascimentale a intendere in maniera più ampia una selezione accorpata di testi in lingua latina. Viene in mente di pensare anche al noto *Carmina Burana*, testo di versi con raffigurazioni miniate spesso impiegato anche musicalmente con la produzione di canti gregoriani. Il *Global Carmina* di Marco Ausili ha dunque questa volontà strutturale, quella della raccolta, direi in un certo senso antologica, della propria produzione concentrandola attorno al tema che più gli sta a cuore: lo sviluppo della società. Qualcosa che il recente vincitore al Festival di Sanremo (*Occidentali's Karma* di Francesco Gabbani, nell'edizione 2017), in maniera vieppiù sardonica e sull'onda di un linguaggio visibilmente dadaista e pertanto destrutturato, ha portato all'estremo.

La peculiarità di questa parte è rappresentata *in primis* dall'aver usato una *koinè* linguistica particolarissima facendo ampio uso di forestierismi (anglicismi, francesismi, germanismi) nonché locuzioni latine che risultano mescolate in versi dove Ausili usa il suo idioma madre, il vernacolo anconetano. Si tratta di un linguaggio colorato e frammentato, quasi come un mosaico luccicante che ha in sé una grande potenzialità comunicativa. I termini chiave, le espressioni che veicolano contenuti determinanti per il tipo di atto linguistico adoperato sono spesso in lingua straniera con l'intenzione di dar forma poeticamente a questo multiculturalismo tipico della nostra società dove per vivere bene non è più sufficiente conoscere la sola lingua del paese di nascita. Ecco allora che questo poemetto si tinge di un'intenzione ancor più ampia di quanto non abbia fatto nelle precedenti sezioni volendo parlare alla contemporaneità impiegando il suo linguaggio, quello misto e spesso caotico dell'ingerenza dell'inglese, ma anche quello macchiettistico e assai pratico del proprio dialetto locale. Marco Ausili fonde in maniera sicuramente curiosa il globale al popolare, il multietnico al popolaristico, facendo sì che i tanti piccoli mondi di provincia non siano monadi ma abbiano un riflesso nel più ampio universo di dimensione internazionale e intercontinentale.

In *Global Carmina* si riflette su una società che nel giro di un breve tempo è cambiata enormemente e la cui metamorfosi è inarrestabile. L'autore, pur affrescando bene i tempi nei quali gli è dato di vivere, non manca di mostrare criticità verso un mondo improntato sull'indifferenziazione, l'assopimento delle coscienze, la serialità, nonché il disagio economico e la disoccupazione che spesso obbligano a lasciare il proprio paese natale per cercare fortuna altrove, un po' come avveniva, seppur con un traguardo che poi risultava più soddisfacente, ai primi del Secolo scorso con un incessante fenomeno migratorio verso quelle che vennero definite le "nuove Italie". Si percepiscono l'insofferenza e l'inadeguatezza dell'uomo d'oggi che si fondono a quella già menzionata paura dell'esistenza, che qui si fa titanica e invalicabile, ma contrastata da un forte e retto proclama d'amore per la propria terra: non è possibile vivere bene e felici con se stessi lasciando la propria casa, la propria famiglia e annullare la prima parte della propria esistenza. È un gesto, questo, che l'autore sembra condannare seppur non veementemente ma che è comprensibile nel suo itinerario scrupoloso e insaziabile nel far di tutto per non permettere alla storia, ai ricordi e alla nostra vera anima, di diventare *"un mondo di cose morte"*.

II

PATHOS ED ESPRESSIONISMO IN UNA TRISTE POESIA DI FRANCESCA INNOCENZI

Francesca Innocenzi (Jesi, 1980) risiede a Cingoli (MC). Si è laureata con lode in Lettere Classiche all'università di Macerata con una tesi sul *Discorso a Helios Re* dell'imperatore Giuliano l'Apostata. Nel 2005 ha vinto una borsa di dottorato di ricerca in Poesia e cultura greca e latina in età tardoantica e medievale all'Università di Macerata, nell'ambito del quale ha intrapreso lo studio della demonologia del pensatore neoplatonico Giamblico (III-IV sec. d.C.). Attualmente insegna nella scuola secondaria. Ha pubblicato le opere poetiche *Giocosamente il nulla* (2007) e *Cerimonia del commiato* (2012), la raccolta di prose liriche *Il viaggio dello scorpione* (2005). Ha diretto la collana di poesia "La scatola delle parole" delle Edizioni Progetto Cultura di Roma e curato le pubblicazioni antologiche *Versi dal silenzio. La poesia dei Rom* (2007), *L'identità sommersa. Antologia di poeti Rom* (2010) e *Il rifugio dell'aria. Poeti delle Marche* (2010). Sue poesie sono presenti in alcune antologie tra cui *Sempre caro mi fu quest'ermo frigo* (2007), *Convivio in versi. Mappatura democratica della poesia marchigiana*, vol. 1 (2016). Per la narrativa ha pubblicato *Un applauso per l'attore* (2007) e *Sole di stagione* (2018) mentre per la saggistica ha dato alle stampe *Il daimon in Giamblico e la demonologia greco-romana* (2011). Ha collaborato con saggi brevi alle riviste "Ellin Selae" ed "Euterpe" ed è redattrice del trimestrale di poesia e contemporaneistica "Il Mangiaparole".

Seppur con la prescrizione della brevità, ho avuto in precedenza l'occasione di poter scrivere un commento su una sua recente poesia. "Andria-Corato, 12 luglio 2016". Ciò è avvenuto all'interno della terza edizione del Premio Letterario "Città di Fermo" (2017) organizzato dall'Associazione Culturale Armonica-mente di Fermo dove figuravo nella Commissione di Giuria. Essendo tale testo risultato, dal vaglio del Presidente, meritevole di riconoscimento, mi venne richiesto di scrivere una breve commento che motivasse, appunto, l'attribuzione di quello che poi scoprii essere stato valutato come 2° premio assoluto. In tale circostanza così relazionai: "La convulsa scena nel cuore della campagna pugliese evoca il ricordo della sciagura ferroviaria che meno di un anno fa interessò una linea regionale. La poetessa incalza il verso con immagini vivide a rendere un mondo concreto violato dall'uomo dove il sangue che cola si diluisce al sopraffino olio di quelle terre. L'insensatezza del tempo si fa nero dilemma sino a diventare rimorso di una coscienza condivisa".[2]

Si trattava, comunque, di un commento per lo più generico e palesemente non congruo nel cogliere, a tutto tondo, la complessità emotiva della lirica; inefficacia dettata per lo più dall'esiguo spazio concessomi meritando, un testo come questo, un approfondimento maggiore per poter entrare con maggiore scrupolo nelle parole, nei nessi semantici, nelle immagini intrise di dolore.

Scantonando quelle che sono le logiche contenitive di una premiazione letteraria che ha, infatti, le sue dinamiche in cui

---

[2] La poesia dell'autrice e la motivazione appaiono pubblicate nell'antologia del concorso al quale ci si riferisce nel testo (volume non in commercio).

le tempistiche rivestono un ruolo di prim'ordine, ho ravvisato, quasi da subito, l'esigenza di poter dedicare a tale lirica maggior spazio, un'attenzione più serrata, come in effetti essa merita e reclama, nel sottaciuto urlo di dolore sulla quale è sapientemente costruita. Torno, dunque, a "farla mia" in questa lettura meditativa al fine di sentirne ancora il vibrato, il vivido *pathos* che s'innerva su dolenti pagine di cronaca, dalla nostra sperimentate nella forma espressiva della poesia con grande resa.

Nella sintesi e riformulazione, nell'individuazione degli animi e nella figurazione dell'ambiente risiede la forza suprema di un testo così vero e forte, eppure immancabilmente doloroso e spiazzante.

La lirica inizia quando qualcosa è già accaduto. *Myse en abyme*, se fosse una narrazione. Nel clou, nel momento critico o apicale. Ma non c'è qui una pronta svolta che dia compimento a una più fertile comprensione su ciò che la poetessa ha deciso di vergare sulla carta.

La prima immagine è fornita nella forma – immaginiamo – di un'ellissi, ma ha anche una forza sua, particolare, nel voler accentuare la drammaticità della scena mediante l'uso insolito di una forma atta a trasmettere una soverchia misura, "*di tanto*". Ecco che a partire dal verso che segue, prende il via un linguaggio impietoso e raggelato dinanzi a un senso d'instabilità dell'esistenza, una folata di disarmante e ottundente coscienza. È l'aspetto marginale, dello scarto, che deriva da un'operazione di sottrazione, di smembramento e devastazione: ciò che resta sono lamiere torte, materiali e oggetti dilaniati al punto tale che è impossibile scorgere in essi un qualche tipo di 'forma'.

L'atto devastante della dolorosa collisione dei due regionali in terra di Puglia non è descritto nel momento dell'impatto, dell'azione eclatante e mortifera, ma negli istanti fermi e desolati che lo seguono. La scena è aberrante: scaglie di vita ovunque, carrozze sbudellate e sangue che macchia la campagna, una terra che, nolente e sfiduciata dinanzi alla disattenzione dell'uomo, assorbe quei liquidi fuoriusciti da ferite, scoppi, escoriazioni, momenti di delirio della carne che ha riprodotto, nell'eden incontaminato della mediterranea campagna barese, un indicibile scenario apocalittico.

Impossibile travalicare il tormento e la sofferenza provata dall'io lirico che percepiamo nettamente nel moto di velata stizza e di profonda commiserazione in quell'attestazione reticente a pudicizie: *"ho lasciato il cuore nella terra rossa"*. Le forme immedesimative, che sono maggiormente attinenti e congrue alla narrativa, per mezzo di un articolato sistema di personaggi lasciano il posto a una mimesi dolorosa, a una compartecipazione dilaniante dinanzi a un evento che scuote le coscienze, che interpella, che indigna e che reclama raccoglimento.

Francesca Innocenzi fa uso, spesso in maniera volutamente ribaltata, delle due forme liquide che descrivono sinteticamente quella negletta scena: l'olio e il sangue, fluidi che divengono emblemi del ciclo vitale stesso della natura, tanto della pianta, come quella dell'uomo. Olio quale oro verde, pregiato prodotto della terra e della meticolosa coltivazione dell'uomo e il sangue, linfa vitale degli esseri umani che, descritto nel suo innocente spargimento, fa pensare un'azione illogica e ingiusta, uno "sversamento" che non solo ha dell'assassinio voluto, ma del sacrificio cristologico. Quale redenzione per i corpi a brandelli? Quale espiazione per le anime vaporizzate nella cappa dell'aria di luglio? Liquidi che finiscono per scorrere insieme in quell'ambito di campagna dove il sole cocente e la forte luminosità amplificano il senso d'inadeguatezza dell'uomo al mondo dinanzi a simili sciagure. Palcoscenico amaro di una giornata qualsiasi che di colpo si ferma su quella traiettoria comune, mezzo abituale per pendolari, in una tratta forse poco controllata e con precaria manutenzione.

Le persone, di cui non ci vengono forniti tratti specifici, identitari né espressivi, fanno parte – già dall'inizio della lirica – di quella massa di fantasmi, di vittime bianche, di dannati dalla sfortuna o semplicemente da un destino beffardo che ha dovuto compiersi senza se e senza ma. Il *"tonfo di carni"* è forse l'immagine più cruda e vivida che la poesia trasmette allo scosso lettore. Non è possibile, infatti, rimanere intoccati e indifferenti dinanzi a una poesia come questa dove la descrizione del dolore, mai palesata né estremizzata, è assai pulsante e accorata per mezzo di immagini incisive, ribaltamenti tra correlativi oggettivi, espressioni che raggrumano in sé non solo diapositive di momenti inverecondi ma tratti indelebili di un senso di stordimento e sofferenza della poetessa.

Poesia dalle immagini forti, dove si è portati intuitivamente a credere che il treno sia il nemico primordiale: quell'ammasso di metallo diviene il mostro di una morte che, se non direttamente annunciata poteva, però, essere intuita. Ma il treno è solo il mezzo con il quale la morte ha compiuto se stessa e ha trovato manifestazione. Non è interesse, neppur vago né recondito, della poetessa accennare a possibili motivi all'origine della sciagura, elementi determinanti nello sviluppo del dramma o concause: ciò è interesse da notiziario, volto a fornire l'esaudimento alla nostra paranoica fame di conoscenza fidandoci spesso in maniera patologica di questi mezzi che non rappresentano mai un Vangelo. La poesia – al contrario – non dà risposte, non reclama direttamente, non punta il dito contro nessuno, non è motivata dal desiderio di costruzione oggettiva della realtà. Difatti è un canto di dolore vagliato dalla sensibilità della poetessa con la quale la gravità del fatto si è scontrata, tanto da indurla ad un atto creativo.

In questa poesia dalle forti immagini dove il dolore e lo stordimento dinanzi a un'ecatombe fuoriescono proprio dalla congruità semantica, dall'esattezza descrittiva, dall'incisività delle forme linguistiche, sembra non esserci molto spazio per il compatimento né per la lamentazione; essa ha più la foggia di una miniatura visiva tratta all'istante, in presa diretta dove anche i termini impiegati con oculata attenzione nella disposizione fanno pensare a un linguaggio che tende a delineare il più possibile, ancorandosi a quell'acume osservativo franto da un'angoscia di fondo, facendo forza sull'investigazione non dei procedimenti di causa ed effetto, ma del proprio tormento personale in quanto anima sociale. Si percepiscono, in questa poesia di Francesca Innocenzi, echi dei tristemente dimenticati Vittorio Bodini[3] e Bruno Epifani[4], autori che hanno

---

[3] VITTORIO BODINI (Bari, 1914 – Roma, 1970) trascorse la gran parte della sua vita a Lecce. Aderì al gruppo futurista; a Firenze nel 1940 si laureò in Filosofia. Tornato nel Salento, pubblicò testi poetici su alcune riviste prendendo parte al movimento "Giustizia e Libertà". Nel 1946 si trasferì in Spagna dove lavorò come lettore d'italiano e nel 1950 fece ritorno in Puglia dove ottenne la cattedra di Letteratura Spagnola all'università di Bari. Il suo rapporto col Salento sarà sempre molto sentito, fino alla fine dei suoi giorni. Eccellente traduttore del teatro di Cervantes, García Lorca e dei poeti surrealisti spagnoli, pubblicò volumi di poesia tra cui *La luna dei Borboni* (1952), *Dopo la luna* (1956), *Metamor* (1967) e *Poesie* (1972 – postumo).

[4] BRUNO EPIFANI (Novoli, 1936 – Roma, 1984), insegnante, fu promotore di attività culturali nel suo paese, diede vita al Circolo Culturale "Pippi Ferraro". Per un periodo insegnò all'esterno (Il Cairo nel 1975 e Barcellona nel 1978). S'interessò di letteratura focalizzando l'attenzione sugli autori meridionali Quasimodo, Gatto e Bodini. Durante la sue breve esistenza pubblicò il libro di poesie *Epistolario Salentino* (1967). Postumi sono, invece, *Una terra d'origine* (1986) e *Alle radici di Eva* (2014).

consacrato, tramite la loro produzione lirica, l'ancenstralità dei rispettivi luoghi d'infanzia, in quella terra assolata e brulla che è la Puglia campestre. Rossano Astremo sostiene che in Bodini "il sud, l'estremo lembo di terra nel quale ha vissuto gran parte della sua esistenza, è anche tema denso di tristi riflessioni e di dolori esistenziali lancinanti"[5] tanto da fare di lui il "poeta dalla sensibilità estrema, supremo cantore di un sud mitico, ancestrale, ma, nel contempo, limitante e castrante".

Epifani, tingendo i suoi versi di un fascino incantato e al contempo critico nei confronti della sua terra, può essere a ragione inserito in quell'ampia compagine della letteratura italiana contemporanea che ha posto l'accento sulle forme e sui disagi sentiti nella questione meridionale. Nelle poesie di Epifani è difficile non rintracciare un elemento vegetale o animale che sia a caratterizzare concretamente la dimensione naturalistica di una terra di ulivi arcaici costeggiata da un mare dolce e compagno di avventure. Meritano la giusta attenzione quei carmi lirici di Epifani dove l'amore per la terra, quel legame serrato e inscindibile con Gea, si metamorfizza e diluisce nella dimensione degli affetti che riguardano l'intimità.

Ecco, allora, che alcuni versi di Bodini in cui ritroviamo le immagini dense e dai toni cromatici distintivi della natura locale e, al contempo, la ferrosa presenza del treno, vengono spontanei da citare, pensando a questa lirica di Francesca Innocenzi. Nella poesia "Cuatro caminos", contenuta in *Foglie di tabacco*, Bodini così descrive la realtà campestre del suo amato Salento: "*nella tua terra i contadini/ invisibili parlano turchino/ dai campi di tabacco, e fra un istante/ la notte avrà sapore*

---

[5] Rossano Astremo, "Vittorio Bodini e la triste condizione della dimenticanza", *Poiein.* http://www.poiein.it/poe900/bodini.htm

di oliva verde".[6] La notte pugliese ha – per usare i versi di Bodini – il sapore di oliva verde così come la sua terra è contraddistinta dal colore verde dei suoi uliveti. In un'altra poesia, "Tanti anni", tratta da *Altri versi* (1945-47) una significativa assonanza tra il colore rosso (così preponderante nella lirica della Innocenzi, ove è pure nominato) e l'immagine di un mezzo su rotaia: "*Noi abitiamo in una rosa rossa. / Passavano treni in corsa alla periferia/ - un gomito sonoro -/ e tutto il resto era un fermento di cieli*". Chiaramente Bodini non si riferisce a nessuno scontro fisico tra treni, a nessuna sciagura relativa al periodo storico in cui visse, ma è senz'altro significativa la descrizione che fa in apertura di questa poesia, sottolineando il rumore assordante del passaggio del mezzo che rompe la quiete naturale. Colpisce anche, in questa lettura comparativa della recente lirica di Innocenzi sulla strage e quella affascinata e critica di Bodini per la sua terra, la chiusa di "Tanti anni" in cui quest'ultimo fornisce un'immagine inconsueta di disordine e di copertura, di una sorta di offuscamento che cela la completezza dello sguardo, ove si legge: "*Chi avrebbe mai pensato/ che voi scriviate come un'ombra d'alberi,/ come i pettini freddi/ con i denti coperti di capelli!*". Vien da pensare ai corpi inermi di quei derelitti senza vita, ormai gelidi e scomposti, malformati e rovinati, imbrattati di terra e dilaniati che i soccorritori si apprestano a celare con teli che, momentaneamente, velino la dignità umana sottraendo la sciagura al bieco sciacallaggio di notizie.

---

[6] Si ravvisano in questa poesia varie immagini centrali nella poetica dello spagnolo Federico García Lorca, di cui Bodini era grande conoscitore avendone tradotto l'opera teatrale in italiano. In particolar modo l'immagine del "crocicchio" (non presente nell'estratto di citazione riportata) e del colore turchino di cui il granadino fece ampio utilizzo, spesso anche in funzione anti-naturalistica.

Infine, una delle liriche più belle dell'intera produzione bodiniana, è quella contenuta nella silloge *La luna dei Borboni* (1952). Qui è il sopraggiungere di una luce carica e sanguigna a scendere sulla terra di Puglia e a diffondersi espandendo velocemente nei dintorni creando una sorta di mare di sangue: "*Cade a pezzi a quest'ora sulle terre del Sud/ un tramonto da bestia macellata./ L'aria è piena di sangue,/ e gli ulivi, e le foglie del tabacco,/ e ancora non s'accende un lume./ Un bisbigliare fitto, di mille voci,/ s'ode lontano dai vicini cortili:/ tutto il paese vuol far sapere/ che vive ancora/ nell'ombra in cui rientra decapitato/ un carrettiere dalle cave*". Non è questo, forse, il medesimo scenario di morte e di epidemia dolorosa che contraddistingue il retroterra contestuale della lirica di Francesca Innocenzi?

I soccorritori di questa grave tragedia, avvenuta nella tarda mattinata del 12 luglio 2016 nella campagna tra Andria e Corato, faticarono tutto il giorno in mezzo a quel campo secco per cercare di mettere in salvo i pochi che, pur feriti, non erano stati chiamati da Dio. Le operazioni furono rese difficili dalla vastità dell'incidente, dalla difficoltà d'interagire con l'ammasso indistinto di lamiere torte e dilaniate inaugurando il delirio dei congiunti, il pianto e il lutto, la rabbia, nonché il più freddo silenzio. Dall'ardore della terra mediterranea al gelo nelle vene per l'incommensurabile sciagura; lo stesso Bodini, nella medesima lirica, convinto e perentorio, annotava: "*Il buio,/ com'è lungo nel Sud!*", affidando – nella chiusa – una lieve immagine d'apertura per mezzo di un intimo e rinsaldato patto con la terra: "*Le bambine negli orti/ ad ogni grido aggiungono una foglia/ alla luna e al basilico*".

Nel componimento della Innocenzi, la voce lirica sembra tracimare di sofferenza, sembra aver visto troppo e non riuscire ad allontanare le immagini dolorose di quella tragedia. La poetessa, pur lontana dal luogo dell'accaduto, con questa lirica ha trasferito – per mezzo di un linguaggio fortemente intriso di *pathos* e scoraggiamento –, non solo la scena ultima, finale, di fissità e di annullamento di alcun possibile dinamismo, ma anche il fragore di quell'impatto, dell'onda d'urto che si è propagato sino a che, dopo il tremendo incidente che ha visto compenetrarsi lamiere, carne, terra e alberi, si è creato un silenzio spudorato, sgradevole fratello di quel mimo fasullo dello scampanellio dell'arrivo che mai più s'è avverato.

III

"Conosco la soglia del buio e da lì vi parlo": Martina Luce Piermarini[7]

Martina Luce Piermarini (Macerata, 1981) ha seguito studi umanistici e filosofici e frequentato il Master in Tecniche della Narrazione a Torino dove ha lavorato con artisti del calibro di Alessandro Baricco, Sandro Veronesi e Carlo Lucarelli. Specializzata in drammaturgia, ha tenuto laboratori di scrittura creativa in alcune scuole inferiori e superiori della provincia di Macerata. Ha tenuto altresì laboratori teatrali fondando il primo laboratorio di teatro spirituale con sede a Macerata. Ha scritto opere teatrali, partecipa a incontri letterari e *poetry slam*; collabora con la rivista d'arte e letteratura «UT». La sua opera poetica, *Interferenze alla luce* (Italic Pequod, 2014), è stata oggetto di vari eventi di presentazione e di letture pubbliche in vari luoghi della Regione.

Il sottotitolo dell'opera della Piermarini è già di per sé esplicativo del percorso umano e letterario che la poetessa offre al lettore con questo denso volume di liriche che lambiscono i temi dell'esistenza, il dubbio che riaffiora, la

---

[7] Questa analisi è stata precedentemente pubblicata sul mio blog personale "Blog Letteratura e Cultura" il 14 dicembre 2017 e disponibile al link: https://blogletteratura.com/2017/12/14/conosco-la-soglia-del-buio-e-da-li-osservo-la-poesia-di-martina-luce-piermarini/

compresenza di illusioni e moniti di fuga, cadute e derive ma anche pensieri orgogliosi retti da un simbolismo a tratti iconico e frugale, altre volte da costruzioni avvolgenti e curiose degne della più vigorosa poesia contemporanea. In esso, come in una sorta di possibile rivelazione o risoluzione di un assioma che non è dato conoscere, leggiamo: *"ci sono casi in cui la poesia salva e un verso purifica l'intera esistenza"*. Tale definizione, che potrebbe essere assunta quale motivazione vera e propria del fare poetico nella Nostra, chiarifica non solo gli intendimenti ma anche i mezzi, le plurime forme evocative che la poesia immancabilmente richiama. Un confidare al testo che è una modalità in qualche modo taumaturgica e svelante in quel demiurgo inconscio che è l'io lirico, ma anche l'unicità, l'essenza, che apre varchi a un'immensità spesso difficilmente percepibile e da affondare con una scioltezza comunicativa e una predisposizione innata alla partecipazione attiva che sono il sale dell'esserci nel qui e ora.

Poesia per la Piermarini quale esigenza che è immancabilmente presente e forza costitutiva di quell'entità indefinibile che è l'anima, estensione che sfugge da categorie di ogni tipo ma anche poesia introspettiva, di riflessione, di analisi. È proprio dalle immagini a loro modo fornite in accostamenti anche atipici che si compie quello scandaglio dell'interiorità, figlio di un'esigenza di narrarsi, senza implicazioni di sorta, velleità né forme di inibizione alcuna. Confessione che si compie con uno *svelamento*. Rivelazione che si compie con l'*evocazione* e la *creazione* di scene sospese che rivelano il concreto di un vissuto frastagliato e contorto.

Nella ricchissima, visionaria e suadente apertura narrativa al volume, la Nostra parla di un metaforico viaggio che dobbiamo essere disposti a fare. Non solo, della convinzione di intraprenderlo e dell'orgoglio che può derivare dall'aver tentato un'impresa che – come la stessa dice – non ci è dato conoscere come evolverà. In questo tragitto, dove sembra percepirsi una fosca nube a dettare le pagine esistenziali in senso fatalistico, la Piermarini contrappone la forza di volontà, il desiderio di conoscenza, l'esigenza di costruire, l'impegno, anche a seguito di una dimensione asfittica e deprimente sottolineando l'impellenza di una rivelazione che consenta una rinata autoconoscenza ma anche l'approdo convinto a una sensibilità resiliente.

Ed è già qui espressa *in nuce* l'idea comunicante che riappare nelle varie liriche rappresentata dalla luce – termine importantissimo per l'autrice maceratese tanto da aver deciso di affiancarlo al suo nome di battesimo – a intendere una via luminosa, un'epifania del vero. "*Bisogna cercare la luce*" afferma la Nostra aggiungendo, poco dopo, "*I resti della donna-uccello si alzano un istante nelle tenebre*".

Questo libro, allora, possiamo percepirlo come l'auscultazione intima e la repertazione di vicende rese in maniera analogica e lirica di un vissuto che ha visto il buio (la caduta) alla quale, però, ha fatto seguito una vigilia di bagliori (la rivelazione) ad anticipare il dominio della luce (la rinata coscienza, l'approdo alla felicità, la completezza di sé). Questo accade perché "*il corpo buio non è definitivo ma deve essere attraversato e distrutto*". Vengono in mente i Neoplatonici e Shakespeare dei *Sonetti* in questi riferimenti simbolici e allegorici alle fasi di luce, sembianze di un avvicendamento umano tra vizi e ravvedimenti. La Piermarini, nelle liriche che compongono il volume, va rintracciando gli stati fisici di materia e gli stati immateriali dell'anima che hanno visto cambiamenti, flessioni e rinvigorimenti, in un percorso di viva metamorfosi, rottura e sviluppo continuo.

L'esergo del volume contiene una citazione del *Dhammapada*, noto testo della tradizione buddhista, ulteriore ingrediente di quell'inclinazione palesemente aperta e partecipe, solidaristica ed entusiastica della Nostra, nutrita olisticamente di saperi tanto mitici quanto arcani, di forme di benessere personale e di concordia sociale, principali espressioni di forza in un credo animistico e spontaneo che nel suo svincolamento da legami e forme di giudizio, ben esprime la visione comunitaria e filantropa.

Inizia così il percorso memoriale e conoscitivo della Nostra tra versi che incalzano e descrivono la realtà in termini clinici accentuandone gli angoli, i brandelli, gli elementi di disillusione, compresa la presenze di insetti infestanti, le rotture, nonché l'aria fredda e tagliente, l'assopimento del reale anche per mezzo della resa perspicace di immagini cariche di shock, che in un mix oculato di crudeltà e scollamento, generano il perturbante: "*le mani di granito [che] rompono lo spazio*", "*la lisca ventrale sfiatante*" e "*i numeri cavi delle colpe*" sono solo alcuni esempi. Contaminazioni e processi di putrefazione, distorsioni della mente, forme ambigue d'esistenza che creano annichilimento, sentimento d'inadeguatezza e incongruenze fornite come realtà solidi e poi ancora desquamazioni, interrogativi arcani che non hanno risoluzione, dilemmi che squarciano e illividiscono, deficit invalicabili ("*imperfezioni divenute pietra*") e infebbrate ben più emotive che corporee.

Concentrica e irreversibile, spasmodica e conturbante, la poetica della Piermarini procede a spirale avvinghiando il lettore e facendolo sprofondare in uno spazio sconosciuto, capitomboli e ammiccamenti e, ancora, tentavi continui per oltrepassare il reale. Numerose le immagini che si riferiscono a questo comportamento ribellistico improntato all'escapismo e alla ricerca continua: molto carrollianamente si valicano specchi (o, almeno, si tenta); la mossa dell'uomo non è determinata da un fine ultimo che motiva lo spostamento ma si realizza proprio nella gnoseologia della sua forma: l'attraversamento, vale a dire il procedimento stesso: *"oltre/passare / fogliame buio che non scricchiola"*. Questo perché *"Esserci nell'essere è porta stretta"* e con questo fraseggio apparentemente semplice come un sillogismo la Nostra indirettamente si riallaccia a quelle fosche considerazioni e pensieri filosofici di ampia schiera degli intellettuali del secolo scorso.

La realtà nella Piermarini è delineata per mezzo della presenza o assenza di luce e, congiuntamente, per una feticistica attenzione alle particolarità, al residuale, all'inesatta e insensata tendenza dell'uomo di fare partizioni, quantificare, vale a dire determinare in maniera convinta e assoluta un'entità. Ce ne rendiamo conto dinanzi alle affascinanti *"porzioni di luna oracolare"* che tanto sanno di orfico e in prossimità dei ben più surrealisti *"pioli del silenzio che si spezzano"*. La luce – biancore e fonte di conoscenza – è ricercata continuamente, dalle *"vaschette d'alluminio"* dove si tratta di una luce in qualche modo artificiale e reclusa, all'abbacinante biancore della neve, *"luce gelida [che] toglie il respiro"*.

La Piermarini ci conduce con *"passo folle"* verso questo singolare e prospettico *"viaggio nel doppio fondo del bagaglio"* nel quale dominano le ombre e gli oggetti, ben più delle persone definite in maniera sbiadita quali *"comparse rarefatte"*. Pervade un'aria strana, d'incomprensione e imminente rottura o, più frequentemente, di una stasi granitica difficile da perforare nella quale *"il suono/ della cerniera [...] gratta l'orlo"*. Fanno capolino pure la solitudine (*"la caverna di carenze"*) e la sfiducia (presenti, in giro, troppe *"coppe di nero nei cervelli"*). Le riflessioni di ciascun tipo trovano foce in considerazioni ampie e nevralgiche come quella che perora la causa del tempo sospeso: *"Le parole stanno nei brandelli/ nelle pause (o nelle lacrime)*". Talvolta il presente è infestato da contaminazioni perigliose di un passato non troppo lontano e che a suo modo incalza con tabernacoli di ricordo scolpiti nella mente: "*Il tempo ha imprigionato/ il fantasma tremulo nella stanza profonda*".

Le poesie della Nostra sono ricche di quelli che Marc Augé definì *non luoghi* ma, in realtà non sono gli spazi confusi dei mezzi di comunicazione o del mondo del commercio, piuttosto stanze invalicabili della mente, mondi doppi, ovattati e riflettentisi, domini imperscrutabili della psiche, scene di quotidiano che hanno perso i connotati spiccioli ora per assuefarsi, ora per sublimarsi. Un ritmo di ricerca incalzante dove la retorica dei quesiti è scalzata dal delirio delle forme, da un'interrogazione spietata che volutamente confonde razionalità e trasposizione, nella quale "*solo [...] Dio mi può vedere*" in quell'atto estremo di *denudamento* di cui si diceva.

Contro gli imperativi della quotidianità la Piermarini incorona la speranza e l'illusione, la fiducia e la voglia di combattere come temi principi, ancor più validi e reali se derivati da dolore, solitudine e dalla lotta personale e sociale.

IV

LA POESIA PERFORMATIVA DI EUGENIO KAEN[8]

Eugenio Kaen (Slavyansk', Polonia, 1992), pseudonimo di Orel Yevgen, vive a Tolentino. Nel 2017 ha organizzato gli eventi "Amore e Strofe", declamazione poetica agli Antichi Forni di Macerata e la mostra d'arte paesaggistica "Oltre l'Altrove" alla Galleria Sangallo di Tolentino. Come membro dell'Associazione Culturale Riflessistorici, dove è responsabile della sezione di Letteratura e Critica Letteraria, ha partecipato come relatore alle conferenze "Kritika. Intellettuali e disillusione politica durante il regime stalinista" il 1/07/2016 e "La poesia giapponese e l'Occidente" il 24/10/2018, tenutesi presso l'Università di Macerata. È membro della Commissione alla Cultura della città di Tolentino.

Le sue poesie, pur non essendo marcate propriamente dal tessuto dell'oralità, si offrono come validi e curiosi brani sperimentali dove è evidente la ricerca e la carica performativa degli stessi. Non è un caso che l'autore si sia esibito con riconosciuta capacità in vari *poetry slam* negli

---

[8] Tale scritto era stato pensato come prefazione alla silloge *Notti d'autore* che Eugenio Kaen aveva composto nel 2017 ma, ragioni personali, lo hanno portato a una pubblicazione differente, *Frame rate* (Santelli, 2018) dove la gran parte delle poesie presenti nella raccolta inedita sono confluite.

32

ultimi tempi, quegli appuntamenti frugali di democratizzazione della poesia dove non è solo la componente testuale a importare bensì la recitazione, la mimica, vale a dire tutti quegli aspetti che concernono la conformazione plastica del testo e delle vesti capaci di indossare. Poesia che nasce da una spontaneità d'intenti nella quale l'autore affronta tematiche cariche di sentimento e di partecipazione convinta – seppur a distanza di tempo – come sono i testi che si riallacciano e richiamano – con una mestizia difficile da leggere e, al contrario una grande nettezza visiva – all'infanzia. Età nella quale – per dirla con parole sue – tutto sembrava possibile, senza la necessità di soffermarsi sul perché degli accadimenti, sui motivi che regolano gli eventi, sulla spavalda e inesorabile minaccia di un tempo, che poi in qualche modo si è imposto.

Nei brani poetici di Kaen – così mi piace definirli giacché in alcune circostanze sembra che l'autore lambisca quell'orlo indefinibile che lo proietta in maniera più prossima alla "prosa poetica" – si respira ansia e inquietudine nei confronti della complessità della dimensione sociale che siamo costretti a vivere. Difficoltà d'ascolto e incomprensione, lontananza e incomunicabilità che rendono terreno fertile al paradosso, alla confusione, alla necessità di un'evasione se si vuol fuoriuscire da un penoso stato di trance. Fisico quanto – ben più pericoloso – intellettivo. Una battaglia silente contro *"questi bipedi che [...] fuggono di giorno"*.

La poesia di Kaen – colui che esordisce molto ionescamente con una lirica dal titolo "Je suis Eugène" – ha sempre a che fare – modi e tempi possono differire – con il tema della morte. Essa è nominata e dipinta, allusa, ripescata e introdotta per mezzo di immagini e isotopie varie ma immancabilmente essa ritorna ed è una delle più presenti e invasive certezze dei suoi testi. Morte come tematica –

sviscerata per mezzo di elucubrazioni e ripensamenti – che è
emblema di quell'impossibilità di concepire la felicità in
senso ampio, completo e convinto. La morte ricorre anche
in scene apparentemente astruse e avanguardiste[9], cariche di
destrutturazione e ambiguità come *"i morti [che] seppelliscono i
morti,/ sotto il commando d'alte sfere celesti"*. Immagine di per sé
conturbante che priva ciascuna possibilità – pur recondita –
di bonaria fiducia, di pacata rassegnazione, di sospesa
normalità. Poesia che riflette dove si percepisce la foga
ribellistica ed energica che è propria della giovane età, le sue
sono liriche post-post-moderne che hanno un messaggio di
cordoglio intimo verso l'ordinarietà annichilente. Non una
vera denuncia, piuttosto delle invettive – niente a che vedere
con quelle ben più note di un grande dimenticato quale
Bellezza –, di proclami di cartone, di mirate convinte eppure

---

[9] Il monito imperioso contenuto nella poesia "Poligono astrale" che così recita
"alzate i fucili e abbattete le stelle!" non rimanda *forse* a un qualche mottetto futurista,
di qualche intellettuale schizoide intento ad annunciare la necessità di uccidere il
chiar di luna? Qui Kaen – con velati intenti polemici e di trasmissione di una
ilaricità sfiatata – non fa uccidere la luna, ma le stelle, sue figlie indiscusse nel
manto imperscrutabile della notte. Il quesito si pone in maniera parossistica e
irriverente in chi vorrà intenderci qualche volontà che attenga all'uccisione della
creatività e all'abbattimento del mistero. Kaen utilizza versi come questi che
risultano imperiosi e polemici, come schermaglie e gridolini infantili, mostrando
al contrario la grande capacità di presa sul lettore, sul pubblico che, non solo è il
recettore del testo ma anche il co-costruttore del suo significato. Abbattere le
stelle per far sì che sia la luna – sola e sovrana – a regnare nella notte, allora, che
senso può avere? Il poeta mostra qui, come in altri contesti, la carica perturbante,
minatoria e chiaramente performativa del testo di cui si serve per sfogarsi e
annunciare qualcosa. Le stesse stelle che in "Poligono astrale" vengono invocate
come bersagli il cui colpo è necessario, in "La Nostra bellezza" divengono
gemme preziose che – come il poeta osserva malinconico – *"avremmo potuto
raccogliere"*. Nel complesso le stelle in Kaen si configurano come un elemento
carico di suggestioni e ricordi che dapprima si tenta di scardinare, nel tentativo di
annullare la sofferenza che si prova a pensare al passato felice. In altro stadio
dell'esperienza esso è un porto franco al quale ritornare, custode di una vita piena
che si anela affinché si appropri della realtà e, ancora, renda l'esistenza un sogno
vivibile.

cariche di vulnerabilità, di incessanti fughe, di violenti ripudi a ciò che esteticamente non piace, a ciò che il tempo deturpa.

Grande rispetto e confidenza col linguaggio: la parola è scelta con minuzia a cesellare un verso dove i correlativi oggettivi spesso occorre ricercarli, operare ribaltamenti per ripescare il giusto filo di quella che è una narrazione d'istanti, ma pur sempre una narrazione perché poetare è raccontare se stessi. L'asservimento alla comunicazione – elemento fondativo di approccio sociale e di democratico scambio – non deve inceppare in sistemi di silenziazione dell'oralità che possono davvero significare il ritorno di spaventosi spauracchi; ci si riferisce a una non meglio denotata *"mitragliatrice delle parole"*. È chiaro che il Nostro intenda sottolineare con particolare veemenza la forza delle parole, il peso specifico di ciascun vocabolo, l'esorbitante e vaga misura che essa cadenza nell'intimo della correlazione tra sillabe.

Della poesia del Nostro si apprezza l'incongruità semantica (Paolo Giovannetti direbbe l'*antisintattismo*), come pure il ricorrere a stili molto diversi tra loro, la necessità di dire senza mai svelare troppo. La sua capacità che più risalta è quella di saper vestire con abilità abiti diversi, adoperare punti di vista differenti, a volte molto ravvicinati e dentro la materia, altre volte più distanti e panoramici, prospettici e sfumati. I percorsi nei quali Kaen s'immette hanno sempre qualcosa di atipico e di anomalo, sono gli avvicendamenti ripescati dalla materia grigia e rivissuti *"à rebours"* col beneficio della distanza storica. Scenografie che più o meno velocemente sembrano sfilare dinanzi agli occhi vispi e curiosi del giovane autore naturalizzato marchigiano imbevute di mistero e di un'inclinazione a cogliere gli aspetti reconditi eppure effimeri di ciò che accade, immergendoli in una struttura liquida e indefinibile. Sembra possibile individuare in Kaen – per lo meno in alcuni passi delle varie poesie – una sorta d'inconscia filiazione al realismo terminale, corrente letteraria originalissima e recente, nata a partire da alcuni testi del Maestro Guido Oldani e promossa poi – anche con la pubblicazione di alcune antologie – dal professore Giuseppe Langella dell'Università Cattolica di Milano.

Non mancano quesiti nelle poesie di Kaen perché, se la vita è il più gran dilemma, non è forse vero che essa può esser scomposta in tante micro-domande, sotto inchieste, interrogativi concentrici? Le domande talora si fanno desolatamente incalzanti (*"dovrei avere paura e piangere/ ma a che serve se non si è veduti?"*) al punto da svelare quella granitica e dolente incomprensione, quel dubbio atavico che è proprio di chi riflette e ha gli arnesi giusti per farlo nonché i canali interpretativi validi per poter confessare i suoi assiomi. Eugenio Kaen, con semplicità d'intenti e costruzioni volutamente elaborate a incastro che denotano l'intenzione di un vero e proprio professionista, trasmette la lucida angoscia di chi, dinanzi alla società che frulla e scappa, stride e serra gli occhi, non sa ascoltare il vicino perché la parola non è più un efficace sistema di trasmissione, di traduzione e di cooperazione sociale. La cappa di resistenza e di nefanda inciviltà che in qualche maniera il giovane autore sembra vagheggiare o – ben peggio – paventare è una cortina insondabile di dolorosa distanza. Di impermeabilità. Di latitanza espressiva e di sadico abbattimento di quel processo necessario che lavora per la costruzione civica.

Attenzione va posta anche sulla poesia "Estetica dei pagliacci" in una sorta di cronistoria delle antinomie tra mondo dell'infanzia e maturità, tra aspetti ludici, surreali, evocativi e immagini espressive, pregne di una sofferta interiorità, di assopimento psicologico, di criticità emotiva con il proprio io di leoncavalliana memoria. Il termine 'estetica' deriva dal latino *aestetica* che a sua volta è un derivato del greco *aistetikòs*. Il significato primordiale del termine – ben più noto in campo umanistico per rappresentare l'omonima branca della Filosofia – ha a che vedere con l'atto della percezione e in particolare concerne con ciò che l'uno è "capace di sentire" o ciò che, in maniera più precisa, "sente" o "crede di sentire". Il procedimento estetico avvalora ancor meglio la chiave filosofica di Kaen che è una disanima linguistica attenta ma anche un serrato e continuo studio delle forme di comunicazione. La percezione di ciò che è bello, piacevole e dilettevole, vale a dire ciò che rimarca – in maniera significativa e positiva – nell'animo dell'uomo corrisponde a una delle più note, richiamate e studiate sensibilità dell'età romantica che attorno al concetto di 'sublime' ha indirizzato gli interessi, imperniato letture e discusso. Il fatto che Kaen parli dell'estetica di un pagliaccio può apparire – ancora una volta – un atto azzardato, qualcosa di macchiettistico e di parodico – se pensiamo che l'immagine del pagliaccio ha a che vedere con un mondo ricostruito, carnevalesco, trattandosi di una maschera e quindi di una palese alterità resa in maniera ilare, buffonesca, scanzonata e per questo non meno clownesca e assurda. Il pagliaccio è un'anima insondabile, è un essere istrionico e ingannevole, è una deformazione di ciò che nella realtà possiede un tono di misura. Il suo comportamento poi è ambivalente: sotto la sua maschera d'abbellimento o sovvertimento della propria identità, fa divertire gli altri sebbene spesso dentro sia dominato da profonda malinconia se non una vera tristezza.

La poesia di Kaen – molto bella e al contempo assai caotica e virulenta – fornisce immagini di acquitrini fiabeschi e visive di biodiversità animale: *"Una luce carezzerà la flora marina,/ stanerà i crostacei, molluschi e cefalopodi prudenti"*. Si parla così di abissi, di recessi marini, di quella *"tenebra che nessuno è in grado di illuminare"* e anche qui nella poesia in cui solo ora intuiamo volesse riferirsi al simpatico pesce-pagliaccio, ci parla di solitudine e ombrosità, di sprofondamento e diluizione.

Rimarco l'attenzione verso l'impeto giovanilistico ed effervescente di alcune liriche che compongono la silloge d'esordio di Kaen imbevute di una concentrica energia che sprizza fuori dall'epitelio e dalla quale si evince un temperamento forte, ribelle e costruttivista dell'autore. Egli, infatti, pur giovane, crede molto nella possibilità di poter servire quale forza motrice in un processo di approfondimento sociale, di mutamento e crescita in termini etici chiosando con perizia che *"per troppo tempo si è andati lottando contro tutto ciò contro cui si poteva lottare"*. I suoi, allora, possono pure essere considerati *"canti di rivolta/ canti di libertà"*, aneliti forse ancor meglio espressi in quell'epidittica formulazione che parla della necessità di *"restaurare il cielo"*. In uno scardinamento convinto dell'ossessiva volontà del principe Salina affinché tutto si mantenesse tale, Kaen contrappone il bisogno di un cambiamento tanto personale, che possa riscuotere dal *"grigiore pieno di beltà"* quanto – ben più rimarchevole – sociale: *"Questo è il nostro mondo e se qualcosa vogliamo cambiare è solo quello di ricordare"*. La lirica dedicata alla *beat generation* ben rimarca l'intendimento: *"Bisogna sovvertire:/ rivoluzionare e amare/ infrangere il vecchio"*.

Difatti *"l'inafferrabile mondo/ che scivola tra le dita"* è il nostro mondo, la cancrena pulsante di ignavia e crudeltà che ci gira attorno, nella quale siamo immersi. Kaen dedica una lirica ai recenti fatti di sangue, delle ecatombe stragiste che si perpetuano in maniera penosa nelle città del vecchio continente e non solo. Sono le pagine scritte da incivili "*occhi di bestie*" che tengono a scacco l'umanità non facendola resuscitare dalla paranoia; "*la rossa umidità*" che è un colare fluente di sangue, fa immaginare un mare tinto di quel colore nato da svenamenti e decapitazioni, "*un tratturo di cadaveri/ di brulicanti vermi*".

Non c'è spazio nella poesia di Kaen per un procedimento metanoico, difatti il registro rimane sempre ben sostenuto, fiero e deciso, senza inflessioni o contorsionismi di sorta. La centralità rimane per lo più focalizzata attorno alle vulnerabilità dell'io e alle ingerenze dell'ambiente. Così scrive, come in una sorta di testamento spirituale o di dichiarazione riepilogativa del suo percorso: "*Il mio tempo o qualche altro tempo/ mi ha regalato soltanto tormento*" e, ancora, "*Ho sempre perso la lotta contro la vita*". Versi, questi, di una cupezza impenetrabile e di un ripiegamento senza limiti eppure non meno energici degli altri già citati; in quelle giornate che Kaen traccia s'aggiungono pure ulteriori elementi di foschia e buio: "*l'ombra [che]/ spappolava i sogni*" sino all'epigrammatica e sconfessata sintesi "*Si sceglie sempre la via più ingiusta/ per spegnere il buio oltre le coperte*".

Per tentare di approssimarci alla chiusura di quel cerchio più o meno esatto che ha in qualche modo dettato le linee interpretative della sua silloge, tra toni e linguaggi diversi tra loro, va dato merito senz'altro al novello poeta di aver saputo tessere un colloquio intimo di trame tra l'io lirico e un altro da sé non meglio identificato, localizzabile forse in una presenza femminile e, a un piano interpretativo più allargato, a una dimensione di collettività. Poesia performativa, si è detto, che si costruisce plasticamente all'atto della sua lettura, sostanza che permea le vacuità e ottiene forma dell'oggetto contenitore nel quale s'adagia. L'esistenzialismo nei versi di Kaen si fa talora pressante e rovello interiore insopprimibile come quando parla e riflette sul *"mestiere di sopravvivere"* ma c'è anche spazio per il ritorno della luce quando l'autore, meno sfiduciato, è in grado di *"risegn[are] il [...] volto"* dell'amata. Ciò succede, come viene detto in un'altra lirica di chiaro impatto, perché *"le ombre si sono staccate da noi"*. Non è un fatto miracolistico o avventato che la luce possa infilzare il buio, piuttosto è frutto di una sperimentazione della vita in tutte le sue modalità dopo un momentaneo *stand-by* che ha permesso un ampliamento interiore. Poesia millenaristica, questa di Kaen, perché paventa la distopia e scruta l'imbarbarimento dell'uomo che sembra ammiccare, nonché pronostica il delirio comunicativo che può portare a una nuova Babele. Crescita e ampliamento, strutturazione e affilamento degli arnesi che s'iscrivono in un procedimento applicativo d'arte: una performance poetica che dà senso all'esserci in uno spazio grigio ma con capacità d'ascolto. La poesia ritorna in foggia inamidata dopo aver superato la mimesi del reale, la catarsi e la taumaturgia del presente, per anticipare il nuovo che incalza, cercando di sopprimere la degradazione dell'uomo: *"il mio studio finale è stato/ la rivoluzione dell'anima che vi ho donato"*.

V

CONFESSIONI D'AMORE NEL *DETTO* POETICO DI MARCO FORTUNA[10]

Le parole hanno mani e piedi, escono fuori
dal foglio di carta e camminano sulla nostra pelle.

Marco Fortuna (Fermo, 1974), autore di *Dimmi le parole* (Italic Pequod, 2017), gioca e produce con la parola, fa suo l'universo semantico dei vocaboli, dei significati e delle loro possibili implicazioni.

Il linguaggio ha spesso una componente ombrosa, polivalente, antitetica o semplicemente ambigua e controversa: l'importante è essere volitivi nel porre attenzione verso l'universo prismatico e polimorfico della parola. Parola che dice e rivela, fa trasparire, annuncia e reclama, ma anche – e soprattutto – che confessa e allude, vale a dire promana sensi e incentiva forme d'incontro.

Il suo poetare ha a che vedere con tutto questo essendo, come il titolo della silloge evidenzia, una ricerca continua e misurata, analitica e pure personale, di quel *detto*, quella comunicazione intercorsa, ammiccante e rivelatrice, confessione e dichiarazione di un'età che, in qualche modo,

---

[10] Questa analisi è stata precedentemente pubblicata sul mio blog personale "Blog Letteratura e Cultura" il 28 dicembre 2017 e disponibile al link: https://blogletteratura.com/2017/12/28/dimmi-le-parole-di-marco-fortuna-recensione-di-lorenzo-spurio/

41

si è ormai fatta più concreta, scevra di quelle possibili frange esornative di cui la giovinezza spesso s'agghinda.

È così che il poeta fermano – anticipato dalla ponderata prefazione di uno valido studioso e storico qual è Marco Rotunno – con quest'opera è come se compiesse una casta operazione di svestimento, affidandoci pensieri personali, ragionamenti maturati nell'intimità, appelli d'amore e inviti all'accoglimento del proprio sentimento e, ancora, rivelazioni che hanno un senso epifanico – e dunque travolgente in senso illuminante – per il solo io lirico che ne traccia le vicende di un amore forte, intristito solo da alcuni capovolgimenti che tendono più a un'ombrosità del pensiero data dall'elucubrazione su realtà insondabili eppure oggetto d'interesse dell'uomo. Vengono a mente allora le voci e le considerazioni apparentemente astruse ma assai rivelatrici di studiosi quali Roland Barthes e del filosofo austriaco Wittgenstein; entrambi, pur con inclinazioni e intendimenti diversi, hanno dissodato la parola come realtà, sviscerandola e destrutturandola per meglio misurarla, odorarla, farne uso.

Nella sostanziosa e intramontabile dedica personale al testo un'efficace chiosa di un altro filosofo, Nietzsche che – come lo stesso autore ha vergato a mano – scriveva: "Io sono di oggi e di un tempo… ma in me c'è qualcosa che è di domani e dopodomani e dell'avvenire". Parola che ha in sé i tratti di una significazione universale che varca limiti temporali e geografici, che incunea nel suo addome il senso concreto e al contempo astratto degli accadimenti, delle leggi insondabili dell'anima, gli arcani intellettivi che trovano compimento automatico nel sentimento di pluralità al quale la società ci chiama.

Parola che rivela verità, che affida certezze e sensi ineludibili, validità che è ben più che razionale e dogmatica, travalicando anche la vasta aiuola dell'inespresso, tra rituali, convinzioni, tabù, regressioni, fobie e forme di digiuno espressivo.

Parola che è anche varco, ambito che consente il traghettamento, espressione codificata ma anche apertura, forma inclusiva e globalizzata.

Parola che nasce e sa crescere, che feconda e fruttifica, parola che si celebra e che sa redimersi delle sue più bieche adozioni.

Per dirla con Alessandro Ceni la parola è custode: bauletto che conserva altro, non un senso in sé impalpabile e arioso, bensì una costruzione fisica ben delineata. Le parole sono e hanno la forma di chi è in grado di emetterle, vale a dire hanno sempre e comunque una morfologia umana, una aurea tempestata di lessemi con una loro genesi. Ceni nella sua opera riepilogativa *Il pieno e il vuoto* (1996) ritrova nel mondo delle parole proprio la fisionomia buia e inconfessabile dell'uomo: "*Nel buio le parole/ non sono parole ma uomini/ che con rasoi tentino tele cerate di/ sonori padiglioni sulla sabbia*". Parole, dunque, che sono composte di sillabe di carne e ossa. Non solo: sono parole che possono avere una funzione altisonante e lesiva, pungente e dissacrante com'è appunto l'azione di una tela che viene squarciata.

Le parole di Fortuna sono spesso in forma di imperativi riferiti a se stesso com'è il verso d'apertura: "*Non mi lascio mai stare!*" che, se intuitivamente potrebbe essere visto come espressione di grande convinzione, ha più la forma di una rassicurazione pacata che l'io lirico intrattiene col suo animo per mezzo della riflessione.

Numerosi i riferimenti a quel mondo di campagna che, per breve distanza, lambisce anche il mare, scena veridica del locus nel quale Fortuna è nato, vive e lavora, quello della Marca Fermana nel centro-Italia. I contesti che accolgono le riflessioni o le rivendicazioni amorose del Nostro sono sempre ambientali, riferiti a un pezzo di terra ridente e fecondo, dalla conformità dolce e dalla spiccata diversità in un territorio ristretto. Raramente si accenna a un tessuto urbano che, nelle poche volte che è citato o alluso, sembra esser connotato in maniera veloce, offuscata, quasi ottenebrata come è appunto "*l'alcolica città*" della poesia che apre la raccolta. "*Nelle vene ho terra rossa*" scrive il Nostro in "Il viaggio" in questa lirica dove la natura è solo uno scenario di fondo sul quale campeggia il grande tema dell'amore, del rapporto saldo e simbiotico con l'amata, che è il tema di fondo dell'intero lavoro.

Gli amanti vengono spesso descritti distanti o in procinto di allontanarsi – intuiamo per le vaste necessità della vita quotidiana – e viene a rimarcarsi in maniera decisiva il distacco, il disagio che deriva dall'allontanamento, questa migrazione coatta dal flusso inarrestabile delle energie. Così s'incuneano anche la solitudine e la lontananza che non sono mai motivo di pesante struggimento né di annullamento di una possibile fuga. Gli amanti sanno amarsi anche a distanza e percepire la presenza dell'altro anche dinanzi a divaricazioni spaziali. Ciò è possibile – per il Nostro – mediante l'affido completo al mondo ieratico e vorticoso eppure silente della poesia che non è mantra dinanzi a desolazioni o fobie insostenibili bensì accoglienza e sostegno e, ancor più, consacrazione dell'amore vissuto in termini platonici ma non per questo meno significativi. Per tali ragioni l'io lirico percorre cammini mimetici e più spesso veste panni d'altra natura, non tanto per simulare, bensì per abitare – pur nel pensiero – uno spazio totale nel quale possa esser possibile un rapporto con l'amata, "*sgorgherò acqua scrosciante/ dalle tue risa*". Causa e fine di quest'operazione è, come lo stesso Autore riconosce a pagina 35, per chi non l'avesse in qualche modo ancora eccepito, *"la ragione del mio canto"* ovvero la stessa amata, *"gioia che si moltiplica"*.

Merita una particolare nota di commento la lirica "Non sentire più" nella quale l'autore cerca di intuire, o piuttosto di vagheggiare, come potrebbe essere l'esistenza dell'uomo in assenza di una dimensione sonora, condizione che non solo lo impaurisce, ma sembra in qualche modo tormentarlo. Impossibile non rammentare allora il professor Renato Pigliacampo, docente universitario e poeta del Maceratese che, sordo dall'età di undici anni, dedicò l'intera sua esistenza per denunciare insensibilità a vari livelli contro gli ipoacustici, dedicando tutta la sua attività, tanto poetica quanto di ricerca, all'universo della sordità del quale viene ricordato come uno dei maggiori studiosi e portavoce. Mi è sembrata cosa sensata mettere a specchio alcuni versi di Fortuna che esprimono l'angoscioso pensiero dinanzi a un mondo averbale e di Pigliacampo, "guerriero del Silenzio", che fece della parola grido sociale maturato nell'intimità. Fortuna scrive: *"Crederei che sia forse cosa buona, prendere carta e penna/ per segnare con qualche becco o cerchietto d'inchiostro/ cosa possa provare un sordo.../ Sapere che nel sentire, nasce un giorno il timore.../ di non poter più sentire un qualche giorno la propria/ voce"*. Questa la 'risposta' di Pigliacampo, in tale possibile colloquio, *"A me non è dato ascolto se non che/ nelle labbra che muovono rapide parole"*.[11]

Nella poesia di Fortuna si nota una nota malinconica e di preoccupazione: il pensiero sentito relativo a un mondo privo della sensorialità uditiva, nell'impossibilità di sentire gli altri e di riconoscere la propria voce, ma anche timore verso

---

[11] RENATO PIGLIACAMPO, *L'albero di rami senza vento*, Neftasia, Pesaro, 2006, p. 108. Per un approfondimento sulla poesia di Pigliacampo si segnala la recente opera antologica: RENATO PIGLIACAMPO, *Nella sera che cala sul litorale. Percorso antologico nella poesia del Guerriero del silenzio*, a cura di Lorenzo Spurio, PoetiKanten, Sesto Fiorentino, 2016.

la dimenticanza, l'Autore mostra perplessità nei confronti di un tempo nel quale l'io lirico non sarà più in grado di riconoscersi, di sentirsi, di ricordarsi. Pensieri nevralgici che ruotano attorno a un evidente grande amore della vita e della domesticità, della semplicità di un vissuto che si desidera sempre vivere al massimo. La voce che non ritorna, i ricordi che si impolverano e che decadono nel mare magnum di un tempo che scorre e che rende vulnerabile la salute, sono minacce concrete e plausibili che l'autore, pur giovane e coscienzioso, non esime da riconoscere come tali: esse sono confessabili con quella semplicità che impone al poeta di essere onesto. Sincero e concreto, affidabile e vero.

Fortuna, come noi tutti, prima d'essere un "uomo di carta" (uno scrittore e un poeta), è un "uomo di carne" e, com'è connaturato nella fisiologia umana, non si può recidere dalla mente ciò che, pur disturbandoci, occupa i nostri pensieri. Li rende concreti e ce li narra, con la libertà sconfessata di un ragazzino, ce ne attribuisce il senso con le parole ben calibrate, ce lo condivide e ci traghetta verso una riflessione che, comunque, la buona poesia è sempre in grado di addurre.

La poesia di Fortuna potrebbe dirsi maggiormente filosofica che amorosa in senso stretto se per filosofica accettiamo di non riferirci a qualcosa di ostinatamente ingarbugliato, enigmatico, tendente alla creazione di una realtà che ha senso per chi la produce ma non trova facile accoglimento né comprensione in un possibile lettore.

È filosofica nel senso che – pur nella domesticità dei rapporti e del dialogico che si realizza – impiega una costruzione con la quale i sentimenti fuoriescono se si rilegge con attenzione, diluendo le parole che compongono i versi: l'amore è presente sotto forma di timori, imperativi, tentativi, richiami, echi e aneliti, non è mai reso in maniera palese o plateale, sdolcinato né abusato. Si ravvisa qui, in tale procedimento, la necessità di prendere in mano i fili che l'autore di continuo getta per legarli assieme e riconoscerne così, a silloge compiuta, l'intera foggia della corda più salda.

"*Io avanzo e trascino con me l'erba, dovunque sia la vostra terra*", scrive nella poesia "Io avanzo", sintomo di un fluire che s'intuisce e ci s'impegna a favorire al quale unisce l'aspersione sacrale di protezione, il balsamo di riconoscenza: "*Vorrei lavare la mia terra come fosse mio figlio*". Immaginifico atto rituale di abluzione totale: non è una recondita pioggia che laverà la terra, ma sarà lo stesso poeta a farlo, "*approda[ndo] le [...] parole [per] farla scivolare sulle zolle e fin sopra le punte degli alberi*". Parole in cui l'acqua lambisce e scivola, scorre e fluisce mentre l'autore ricalca sulla carta le linee di un mondo familiare che l'acqua non scolora.

VI
MELTING-POT ARTISTICO: LA *BODY POETRY* DI MAURO CESARETTI

Mauro Cesaretti (Ancona, 1996) è attualmente iscritto all'Università di Scienze dei Beni Culturali di Milano, dove vive. Sin da giovanissimo, già all'età di sei anni, si è avvicinato al mondo del teatro frequentando il Teatro Junior del Teatro Stabile delle Marche. A questo interesse è seguito quello per la musica che lo ha portato a studiare pianoforte e canto, fino a scoprire la sua passione per la poesia.

L'avvicinamento al mondo della poesia è avvenuto poco dopo quando si è interessato al Festival "La punta della lingua" nel capoluogo dorico. *Se è Vita, lo sarà per sempre* (Montag, 2013), esordio poetico, è il primo libro pensato come un progetto più ampio, nella forma della trilogia "INFINITO" di cui, sono editi *Se è Poesia, lo sarà per sempre* (Montag, 2015) *Se è Amore, lo sarà per sempre* (Montag, 2018).

Cesaretti ha partecipato in veste d'invitato come ospite d'onore ad alcuni eventi letterari e musicali, ha ricevuto recensioni e commenti critici pubblicati su blog e giornali, ha partecipato a trasmissioni radiofoniche e si è visto pubblicare vari testi poetici in antologie, lavori collettivi e in riviste. Recentemente tre sue liriche tratte dal suo primo libro sono state pubblicate dal sottoscritto nell'ampia antologia sulla poesia marchigiana da lui curata, *Convivio in versi. Mappatura*

48

democratica della poesia marchigiana (PoetiKanten, 2016) e in *Marche. Omaggio in versi* (Bertoni, 2018) curata da Bruno Mohorovich.

Nel corso degli ultimi anni Cesaretti, assieme all'amico ballerino Luca Marchetti, ha dato vita a una forma interessante di fusione tra poesia e danza dando le linee in qualche modo di definizione di questo singolare genere sincretico in cui le cui punte di diamante sono il dinamismo e l'interdisciplinarità, definito *Body Poetry*. Egli stesso si è impegnato di curare anche un possibile manifesto di questa tendenza poetica con l'intenzione di puntualizzare quelle che sono le caratteristiche fondamentali di questa espressione e, soprattutto, le condizioni nelle quali uno spettacolo di *Body Poetry* può svilupparsi. Riporto per intero tale manifesto che è senz'altro utile per meglio comprendere il genere e come il suo ideatore lo ha sperimentato:

Manifesto della Body Poetry

La *Body Poetry* è una danza fondata sull'interpretazione di un testo poetico che tramite il corpo diviene assolo. Questa tecnica è finalizzata alla comunicazione delle proprie emozioni, obiettivo che può essere raggiunto solo attraverso un'accurata ricerca interiore e una maggiore consapevolezza delle proprie capacità fisiche.

Il nome in questione ha origine da una frase del libro "Il corpo poetico" di Jacques Lecoq: *"Il corpo è poesia, sa tradurre e interpretare la parola"* ma mentre questo fa riferimento alle tecniche mimiche elaborate dal coreografo francese al fine di sostituire il gesto alla parola, al contrario la danza in questione richiede l'affiancamento di questa al gesto per chiarire la performance ed esaltarne il significato.

Quindi, sulla base di tale affermazione, un danzatore può essere considerato poeta del corpo, o meglio *body poet*, soltanto qualora questo sia divenuto "autore di sé stesso", creatore di "frasi coreografiche" e interprete dell'io e dell'ambiente circostante dopo un intenso percorso formativo.

La *Body Poetry*, infatti, si pone l'obiettivo d'interpretare l'allegoria di un testo, proprio o non, adoperando non l'interpretazione allegorica del contenuto, associando quindi a determinate parole gesti precisi, ma al contrario sviluppando un'interpretazione simbolica basata su gesti studiati al variare degli aspetti metrici e retorici del componimento, ma anche in base allo stato emotivo suscitato dalla poesia nell'individuo.

Questa può essere considerata anche una dramma-terapia, perché il *body poet* non solo ha l'obiettivo di creare un atto artistico, ma anche quello di sviluppare un proprio benessere interiore esternando ciò che è di più profondo e insito nell'anima per mezzo della gesticolazione del proprio corpo.

Il fine ultimo della *Body Poetry* è quello di ritornare alla forma classica danza-musica-poesia, approfondendo quelle che sono le relazioni poesia-danza e poesia-musica che da tempo sono oggetto di scarsa considerazione.

Tutti i danzatori, di qualsiasi disciplina coreutica, possono creare *Body Poetry*, a patto che abbiano in sé una forte capacità emotiva, immedesimativa e una buona conoscenza umanistica.

È lo stesso autore – al di là delle linee programmatiche di questo nuova forma espressiva – a raccontarci come è nata e si è fatta conoscere. Nel gennaio 2014 è stata creata in YouTube una prima iniziativa dal nome "Body Poetry – Contemporary Dance" che ha visto la realizzazione di dodici video nei quali il soggetto ripreso esprime poesia per mezzo della gestualità, la mimica e la danza del corpo. Tali video sono stati diretti da Mauro Cesaretti con la regia di Alessandro Compagnucci, Emanuele Algati e Francesco Novelli, le coreografie del ballerino Luca Marchetti e le musiche del pianista Alessandro Pellegrini. Pochi mesi dopo, ad agosto, è stato registrato il marchio della "Body Poetry". La prima applicazione delle linee teoriche di Cesaretti si è avuta precedentemente, nel novembre 2013, per mezzo della presenza del ballerino Simone Rosato, accompagnato da Alessandro Pellegrini e con la lettura delle poesie di Mauro Cesaretti fatta da Sofia Fioranelli durante la presentazione al pubblico di *Se è Vita, lo sarà per sempre* tenutasi alle Grotte Center di Camerano (AN). A seguito di ciò anche i giornali online e alcune riviste hanno parlato della *Body Poetry*, nel frattempo i sopracitati video sono stati trasmessi durante ulteriori presentazioni in varie parti della Regione (Fano, Filottrano, Ancona, Gabicce) e a livello nazionale (Roma, Fara San Martino). A gennaio 2016 è stata creata una nuova iniziativa YouTube chiamata "Body Poetry – Urban Dance" che ha visto la realizzazione di nuovi dodici video diretti da Mauro Cesaretti con la regia di Luca Luzi, Emanuele Algati e Francesco Novelli, le coreografie dei ballerini Stritti e Axel e le musiche del DJ VNCL e a gennaio 2018 è stata creata la terza e ultima sperimentazione YouTube chiamata "Body Poetry – Neoballet" che ha visto la realizzazione di nuovi dodici video diretti da Mauro Cesaretti, le coreografie dei ballerini Homar Perchiazzo e Beatrice Guerri e le musiche classiche riarrangiate dal pianista Jacopo Mengarelli e il violinista Alessandro Bondi.

Ho avuto il piacere di fare da relatore a Mauro Cesaretti nella presentazione del suo libro il 24 aprile 2017 presso l'Auditorium Marini di Falconara Marittima (AN). Ho deciso di partire dall'analisi del titolo del suo libro, apparentemente ampolloso, in realtà assai efficace e sperimentale: *Se è Poesia lo sarà per sempre*. Colpisce, infatti, la definizione che il poeta inserisce in chiave dubitativa, introdotta da una perifrasi condizionale ("*se*") seguita da un'altra perifrasi la cui validità viene mostrata come reale e universale al compimento della prima. Evidenti richiami alla filosofia naturalistica d'impostazione empirica e scientifica dove, se una condizione viene rispettata, allora è vero anche il suo seguito. In questo procedimento mi pare di credere che Cesaretti abbia voluto sottolineare quanto la parola poesia sia centrale nel suo ragionamento: la poesia che esiste come tale, che è percepita come entità in sé indipendente e concreta, è viva, universale ed eterna.

Tre riferimenti a tre grandi poeti credo che siano significativi per poter spiegare il concetto del titolo del libro: 1) l'idea di eternità, vale a dire il non saper morire della poesia, il fatto di rimanere sempre verde, di essere caratterizzata per la mancanza di un'anagrafica del testo (è ciò che a distanza di tanti anni, si verifica ad esempio con i sonetti shakespeariani, le liriche di Leopardi, gli epitaffi di Edgar Lee Master); 2) il concretismo: il fatto di essere materia concreta pur se intangibile, è un concetto molto impiegato dai poeti, si veda Neruda che, per parlare della sua iniziazione alla poesia, disse che "*la poesia era lì e mi toccava*" o il poeta russo Evgenij Evthushenko che scrisse "*Ho infilato a un ramo una poesia,/ che lotta e non si lascia afferrare/ dal vento*"; 3) l'archetipo di onestà della poesia di cui parlava Saba[12] che, amareggiato dalla spropositata tendenza all'eccesso e ai barocchismi, sosteneva che una poesia per essere tale deve essere onesta, e ciò implica che gli stessi poeti lo siano.

---

[12] Si tratta del celebre saggio *Quel che resta di fare ai poeti* scritto nel 1911 ma pubblicato solamente nel 1914 in rivista.

Un'onestà che risiede in una schiettezza di linguaggio e in una privazione di tutto quanto è aneddotico, strumentale, ridondante, artificioso e arzigogolato. La poesia non deve irritare, disgustare né amplificare contenuti (era assolutamente contrario a quelli che, saggiamente, definiva *"i poeti che si ubriacano per aumentarsi"*) ma deve rimanere al pari dell'uomo, costruendosi sull'originalità, la sincerità d'animo e la reale vocazione ad esprimersi. Ciò che il nostro Elio Pecora espresse sostenendo *"la poesia non può mentire"*.

I componimenti di Cesaretti si mostrano, anche visivamente, per essere particolarmente scarni nel numero di versi, non di rado abbiamo poesie costruire da soli 2, 3 o 4 versi. In quella che potrebbe sembrare un'estrema operazione di riduzione, sintesi e concentrazione delle immagini, non si deve cadere nell'errore d'interpretare la sua poetica come ermetica o di tendenza post-ermetica. Al contrario, le immagini che emana, le costruzioni del pensiero, il sistema variegato dei sentimenti che pulsano dietro ogni singolo verso, ci inducono a pensare che sia, invece, una poesia piuttosto intima, intimità della quale il Nostro non ha remore nello svelarsi a un pubblico. I componimenti più brevi, sebbene abbiano una struttura metrica diversa, fanno pensare un po' all'istintività fotografica che si raggiunge con la scrittura di haiku, poesie della tradizione giapponese dove quello che conta non è l'azione ossia il dire le cose, ma l'oggetto, il dipingere le cose.

Il linguaggio è prevalentemente tratto da un vocabolario del lessico comune contemporaneo sebbene frequentemente l'autore impieghi meccanismi sintattici quali elisioni e apocopi (caduta di vocali finali) che danno al testo una fisionomia d'altri tempi, tracciandone un legame abbastanza evidente con un poetare sciolto e fluente che a tratti fa ricordare Luzi, anche nell'impiego dell'*enjambement*, espediente che porta a una frattura tra l'unità versificatoria e sintattica, proponendo una maggior liquidità e consequenzialità del verso che scivola nel successivo.

Dello sterminato universo delle figure retoriche Cesaretti sembra prediligere la sinestesia (associa un nome a un aggettivo che si riferisce a sfere sensoriali diverse) rifuggendo invece l'impiego di anafore[13], pleonasmi, iperboli e ossimori evitando, cioè, di far uso di quegli strumenti che si esprimono in forma estrema senza permettere di intravedere in essi una gradazione del temperamento.

La punteggiatura è assai scarna (vi sono intere poesie dove non compare neppure una virgola) così pure non vi sono elementi di stasi dati dall'interpunzione, né toni particolarmente enfatici quali esclamazioni o punti interrogativi mentre si ricorre spesso ai due punti per meglio spiegare un concetto ed entrare nel profondo del ragionamento.

La poetica del Nostro non ha la forma dell'encomio, né della preghiera, si diversifica dal canto accorato e dal carme civile pregno d'indignazione per assestarsi in componimenti pregni di riflessioni e ricordi dove, come colloquiando con sé argomenta un discorso, cercando di rintracciare motivi, immagini e legami con un mondo passato.

Versi che spesso si esemplificano attorno all'impiego di connettivi logici che funzionano quali sistemi binari di possibilità: essi sono dati dalla correlazione di immagini o forme verbali, sia nella congiunzione ("*amareggiati e sconfitti*") che nella disgiunzione esclusiva ("*inganno o bugia*").

Variegate sono le suggestioni tematiche che promanano dalle poesie raccolte in questo libro: ne ho enucleate alcune che fuoriescono in maniera distintiva nel suo fare poesia. Il

---

[13] Un esempio di anafora è impiegato nella poesia "L'unica certezza" (46) e nella poesia "Corro" (68).

mondo dei ricordi: data l'anagrafica del Nostro, si tratta di un passato non molto lontano ma non privo di accadimenti che hanno segnato, nel bene e nel male, il suo presente. Le scintille di memoria che riaffiorano spesso nelle varie liriche mettono in luce un animo riflessivo, contemplativo, pacato, una poetica fondata su un pieno senso di consapevolezza dell'essere. A volte sono ricordi dolci che si rievocano con nostalgia e un velato rimpianto, altre volte concernono momenti di dolore che il Nostro sembra rivivere ogni volta che riappaiono nei gorghi della mente: "*Ricordi come rocce sulla coscienza*". Il collegamento tra l'immagine del ricordo e la prestanza fisica della pietra ritorna anche in "Pietre scagliate" dove i ricordi vengono definiti "*imbalsamati*": sono ormai immutabili e corificati. Si parla anche di "*ombra dei ricordi*" a intendere quegli aloni difficilmente distinguibili e foschi che contornano i fugaci barlumi di pillole di memoria che rifulgono e si rivivono.

Il tempo è visto come meccanismo imperscrutabile che conduce al deterioramento e alla dissipazione. Frequenti le immagini di spazi desolati e abbandonati o di anziani soli (parla di "*diluvio della vecchiaia*"). In una poesia così scrive: "*io penso al degradar delle cose*", mostrando attenzione al dettaglio, alla fine delle cose, alla cosmologia della finitudine.

E poi c'è la morte: quella concreta, sperimentata per la perdita di un caro, quella universale come pensiero, ossessione, motivo d'indagine, vorticante presenza della quale ci sfugge un significato, i neri stilemi del mondo funereo (cimitero, tomba, lapidi). La morte, talmente pesante e ingombrante, è spesso vista come entità che ha una sua solidità tanto che il Nostro ce la descrive contenuta in oggetti quali dei "*vasi*": sono dei calici amari nei quali gravitano i dolori, le urla, le dolorose solitudini. Ad essa sono legati i pianti e le forme di lamento, attestazioni di una situazione di sofferenza e privazione che fa ricordare in alcuni tratti la poetica crepuscolare sebbene qui non si cada mai nel pietismo né nel vittimismo propriamente detto.

C'è anche una palpabile confusione interiore: il caos emotivo che "*spacca la concordia mia*" che non è altro che un'instabilità fisiologica di una condizione vitale difficile dominata da insicurezza sociale e rabbia personale. Ad esso Cesaretti oppone la forza di volontà, la speranza e la resilienza. Da un periodo di dolore, da un momento di difficoltà si può ripartire: "*Solo la volontà può cambiare le cose*" scrive in "Cicatrici indelebili". Possiamo pure riferirci all'abbattimento e alla costernazione dinanzi a riflessioni ontologiche e universali dove l'uomo non è mai collezionatore di sole vittorie ma anche di difficili e impareggiabili sconfitte (si veda la poesia "Il richiamo della sconfitta che nella chiusa fornisce una visione che potremmo avvicinare a un realismo crudo nella concreta amarezza delle tesi proposte).

Cesaretti mette in scena un uomo che è teatrante, attore di se stesso ("Quello che la vita non dice") è evidente il suo interesse verso il mondo teatrale qui radicato in questa poesia in maniera eclatante per mezzo di una sintassi tipicamente legata alla cinematografia. Con echi pirandelliani nonché calviniani sull'imperscrutabilità della nostra personalità, Cesaretti parla dell'uomo come attore di se stesso e della vita come destino già scritto, come su un canovaccio. L'uomo non sembra, allora, tanto l'artefice del suo destino ma s'identifica proprio con esso. La vita dell'essere è pervasa da curiosità (che è insieme ambizione e originalità), ammorbata dalla paura (l'ossessione e ciò che è ignoto) e invaghita di tentazioni. L'attenzione verso il mondo oggettuale chiarifica il tema dell'antropomorfismo e della cosificazione: c'è uno spostamento di prerogative dell'essere umano verso l'inanimato (il "*respirare dei pioppi*") e al contrario l'inanità dell'uomo che diviene voce, colore, rumore: "*diventavo fumo al vento*"; sono procedimenti che Cesaretti usa e che meglio gli consentono di tracciare radiografie esistenziali come quella che lo riguarda dopo l'aver preso parte a una festa.

Va anche osservato che l'interesse meramente civile nella poesia di Cesaretti risulta essere sporadico ed episodico: i brani nei quali affronta problematiche o disagi dell'universo sociale ponendosi il problema delle difficoltà, denunciando soprusi o lasciando intuire in qualche modo la sua venatura ideologica, sono assai rari. Si allude in una lirica di due soli versi alla ripresa economica e in un'altra, con un linguaggio perentorio, ci parla del "*paese allo sfascio*" fornendoci una diapositiva acre ma puntuale. Ancor di più ciò appare con virulenza quando parla di "*autopsia del mondo*" a intendere un mondo che è divenuto un grande cimitero in cui la vitalità della società è stata sostituita da un annichilente calvario.

Predomina, nella visione del poeta, l'importanza del libero arbitrio, che si va sommando ai sottaciuti pensieri e invocazioni di dimensione religiosa, alla desolazione ambientale in simbiosi con l'asprezza o l'aridità emotiva (si veda la poesia "Quando entra l'inverno", in cui traccia pennellate veloci e stizzose imprimendo l'assenza, il presagio della morte, l'atonia struggente, la fissità che fa male, l'agonia delle nuvole, la letargia del mondo animale e l'assopimento della coscienza).

Una nota di chiusura va dedicata a tre poesie da me precedentemente lette e selezionate per la pubblicazione in *Convivio in versi* (2016): "Io e te", "Amianto" e "Chi non vive, perde. Chi non perde, vince!". "Io e te" è una poesia appassionata d'amore tra un "io" (l'io lirico) e un'alterità che possiamo identificare in una donna. Del rapporto di esclusività tra il sé e l'altro il poeta traccia la variegata mappa dei sentimenti fotografati nell'atto della commozione (la lacrima) e del gaudio (il sorriso). L'ambiente che accoglie questa istantanea vissuta e immortalata è tracciata con parsimoniosa attenzione nelle sfumature cromatiche degli elementi: i sassi bianchi, che intuiamo di un biancore quasi abbacinante, sfolgorano su un campo infinito e imperscrutabile di un cielo che si è tinto di grigio.

"Amianto", invece, contiene la dolorosa confessione di un momento di profondo dolore causato da una grave perdita di una persona cara (la figura paterna). La nocività dei fumi e delle fibre del materiale mortale di cui la poesia porta il titolo appare come la "causa malvagia" che ha inaugurato un percorso di sofferenza e d'incredulità dinanzi alla vita che di colpo si compie strappandoci una delle persone più importanti, introducendoci a quella struggente *"mensa del dolore"* di cui il Nostro ci parla.

Nella terza poesia, "Chi non vive, perde. Chi non perde, vince!", in tre strofe da quattro versi ciascuna Cesaretti, con un'analisi parallela e lucida del gruppo umano, riflette sul sentimento di vuotezza e il senso di mancanza che può gravare su determinate persone. La bilancia, unica testimone del vero, misura, però, le sostanze ed è incapace nel quantificare le masse d'assenza. Il titolo del componimento, chiaro e perentorio, diretto e sibillino, ci permette di completare la comprensione di un testo di non così facile lettura.

VII

FORME DI UN CORPO STRAVOLTO:
PAESAGGIO CON OSSA
DI LELLA DE MARCHI[14]

Devo complimentarmi con la poetessa Lella De Marchi (Pesaro, 1970) per la precisione del verso: nelle righe che si susseguono in *Paesaggio con ossa* (Arcipelago Itaca, 2017) trovo perizia e necessità di dire, in alcuni tratti addirittura uno sfogo o una lamentazione. La struttura lievemente procedente nel verso della prosa è la forma unica che, in effetti, possa plasmarsi alle necessità di quel che s'ha/si vuole dire. Il linguaggio è chiaramente asciutto – e non potrebbe essere diversamente – perché per descrivere la miseria e il dolore, la nefandezza e il sonno della mente, non s'abbisogna di fronzoli né di linguismi ricercati. La caratura tipica della penna della poetessa, già autrice di *Stati d'amnesia* (LietoColle, 2013), è quella di forgiare versi a volte argomentativi altre volte ipnotici, fortemente visuali, che scorrono per diapositive continue, anche slegate tra loro. Ciò in alcuni contesti genera, oltre allo scoramento dinanzi a quanto vien detto, anche un attimo di vertigine che spesso si

---

[14] Questa analisi è stata precedentemente pubblicata sul mio blog personale "Blog Letteratura e Cultura" il 14 gennaio 2018 e disponibile al link: https://blogletteratura.com/2018/01/14/paesaggio-con-ossa-di-lella-de-marchi-recensione-di-lorenzo-spurio/

risolve nei finali laceranti che amplificano dubbi e tolgono anche le poche possibili certezze.

Mi rimangono nettamente in mente versi come *"Il corpo disteso dimentica di essere stato già vivo"* o *"mi trovo più spesso/ dove non sono"* e, ancora, *"si fatica a produrre silenzi, siamo qui per mangiare/ i nostri tormenti"*. Se è vero che le immagini che spesso vengono a delinearsi tra i versi – non di rado in forma antitetica – danno una sensazione di negativo e di desolazione, d'altro canto si crea anche un contorno d'illeggibile enigmaticità che può esser utile e fruttuoso in chi, più che cercare facili risposte e versi limpidi, ricerca la realtà che può sviscerarsi dal tormento e dal viluppo di pensieri. Le immagini – ritorno a dirlo – sono in prevalenza fosche e di disagio, di allontanamento da quel quieto e parco vivere della mediocrità borghese o comunque popolana d'oggi. Tra di queste senz'altro è la siringa che esordisce in un brano poetico nel quale vien mantenuto per tutto il corso il procedimento di assunzione all'interno di una realtà liquida per iniezione (*"forse non eri in vena"*). Ecco che gli scenari – mai un accenno al tempo atmosferico – sono privi di qualsiasi riferimento toponomastico – pur vago – e sono contraddistinti da "paesaggi" che sono d'ossa, pregni d'assenza e derelizione, invalicabili e che generano tormento, asfissia, sospensione temporale. Ecco, dunque, una poesia molto venosa – piena di sistole che pulsano – percorsa da canali dove la vita pullula e rifluisce, un dire che si costruisce 'plasticamente' all'atto di pronunciarlo, vera e tormentata, dettata dal ritmo dell'ansia e del delirio comunicativo.

Nei meandri di una questione sociale degradata nella quale si pone con volontà il dito nella piaga con l'intenzione di esacerbare barbarismi quotidiani, insolenze diffuse e marginalità vergognose, la Poetessa alza la visiera dell'ampio cappello e, con sguardo nitido e ferino, osserva il mondo, l'inabitabile stanza che ci attornia, nella penuria di compassione e di rassicurazione. C'è paura nei versi, ma non solo, c'è il riconoscere la paura che è già qualcosa d'altro dalla paura propriamente detta. La convinzione (termine che nella poetica della Nostra ha da esser preso con vari paia di pinze) che sembra in qualche modo risaltare è che il tempo che si vive ha la forma di una condanna maturatasi al singolo non si sa in seguito a quale episodio. Si tratta di un tempo che si spezza e si lacera, che annulla e deprime o, più spesso, come nelle truci immagini dello stupro, che si ferma per restare sospeso, ingestibile, come una piuma che continua a volare cadenzando in alti e bassi senza mai toccare terra né raggiungere una posizione apicale invisibile all'occhio.

I "Momenti" (prima silloge del volume) che Lella De Marchi descrive sono episodi di lotta interiore, di assassinio delle interiorità e di bieca de-responsabilizzazione umana. La chiusa di questa silloge è di una resa indescrivibilmente forte e da togliere il fiato: *"mi mostra sicuro il luogo/ nascosto dove il tempo risiede senza/ far rumore"*. Ci sono spazi che non sono abitati dal suono eppure il tempo scorre anche lì. Luoghi resi inospitali, non dall'ecosistema arido, ma dall'incivile azione dell'uomo che, sprezzante di tutto, bistratta il suo simile, cosifica l'altro, lo brutalizza e lo nientifica alla cieca ricerca di una banale quanto illusoria imposizione.

Le "Astuzie" che la De Marchi mette in gioco nella parte centrale del volume sono senz'altro degne di essere rimarcate. Con il groppo nella gola delle immagini di profonda sofferenza e silenzio che il lettore ha ormai incamerato delle precedenti poesie dedicate alla giovane Malina, qui il lettore trova una poesia in qualche modo ben più energica e invettiva, sagace e irruenta, risoluta e di una più marcata volontà d'azione. La lirica che apre la silloge chiarifica anche il sentimento altruistico che s'esplica nella necessità di un impegno attivo e congruo atto al rinnovamento: *"forse sapevo/ di cielo e non di terra forse siamo capaci di cambiare/ la nostra sostanza"*. Considerazione questa non da poco che nella terminologia di 'sostanza' fa venire alla mente i vari stati di materia e, ancora, in un non ricercato cameo, un richiamo al precedente volume di poesie *Stati d'amnesia*.

Il linguaggio della poetessa, finora assai materico e così ben adatto a creare immagini nell'interlocutore, si fa qui leggermente più filosofico ed elucubrativo (si noti i non radi casi in cui viene utilizzata la parola 'teorema' che, oltre al richiamo pasoliniano, fa riferimento a una terminologia scientifica dove, data per assodata la validità di alcuni assiomi, si procede alla formulazione di un teorema che ne raggruppa le varianti di formulazione) e, ancora, alla prassi (dal greco *praxi*, l'attività pratica a presupposto o completamento d'un'ideologia). La De Marchi sostiene *"l'amore dimora nella prassi"*.

La ricerca di un messaggio univoco quando ci si approssima a letture poetiche che tanto hanno di personale e di vissuto può risultare un trabocchetto se non vestire i panni di clamorosi abbagli o rotte non praticabili, eppure alcuni versi della Poetessa debbono senz'altro esser prelevati – così, come si distilla il liquore più prezioso – dai brani nei quali sono contenuti; pongo attenzione a un verso che così dice: *"insegnami il luogo della sfumatura dove dura ciò che non dura"*, metafora che fa uso di tautologia, inversione, antitesi e che fa vorticare la testa. La fa girare velocemente, ci fa chiudere gli occhi, reclamare pace attorno a noi. Se riapriamo gli occhi dopo un po' di quel vorticare sommesso, ci sembra di avere una realtà nuova, ottenuta con sforzo, che non siamo però in grado di rilevare o attuare. Ci ha illuminato e rinvigorito, sostenuto e fortificato. Sono queste le potenzialità delle liriche della De Marchi: versi che scuotono, che ti serrano la gola e poi di colpo ti lasciano, frasi che ti mesmerizzano, altre che t'impongono di rifletterti allo specchio per vedere chi sei, altre, ancora, che ti obbligano a sederti per non farti male, o a stenderti addirittura. Ciò che in maniera ben più nefanda subisce Malina nella violenza fisica e nel disagio nei quali è immersa: "*non si alza non si alza/ [...]/ adesso cade adesso cade, invece lei si regge/ [...]/il suo corpo che non esiste/,la forma dell'aria/ [...] in controluce le macchie sul suo corpo*".

Ritorna – ma in effetti non ci si era mai slegati da ciò – la privante condizione sociale, abitativa e solitaria di Malina dalla Poetessa definita senza se e senza ma con termini netti che non necessitano di amplificazioni critiche: "*sei stata creata emblema/ vivente dell'umana sciagura*". Sorta di capro espiatorio, di Madonna degli oppressi, di martire dell'umana tragedia. La poetessa – dinanzi alla desolazione alla perversa inanità dovuta dal raccapricciante 'spettacolo' – opera una trasfigurazione immaginando la cara Malina altro da sé e in altre circostanze a lei meno avverse con un'operazione metamorfica nella quale è palese la volontà di risoluzione a quel dramma: "*Se appartenessi al mio paesaggio saresti un lichene,/ saresti un fiore che sopravvive alle avversità/ nel nostro deserto di sole ossa*". Il tema di Malina è il tema del corpo, di quella materialità dolente, di quella prevaricazione continua, di quello stupro lacerante che nella società contemporanea è merce diffusa. Esso è una copertura, una pelle che copre i sensi d'intimità, passione e sentimento, un contenitore che viene leso producendo danni palpabili e altri, insondabili all'occhio, ben peggiori e inscalfibili. "*Il corpo è un rifugio solo se nudo nel sole, nel breve/ spazio tra un albero e l'altro, solo se ha forma/ di abisso, nel breve spazio tra un osso ed un altro*".

In "Deliri" si pone il tema dell'appartenenza al proprio *locus*. Tema da sempre nevralgico in tutta la letteratura e divenuto elemento principe in quegli autori esuli che, per vari motivi, hanno finito per eleggere una patria diversa da quella natale. In poesia, poi, tale questione è stata spesso letta e interpretata alla luce delle considerazioni dell'intellettuale in merito alla propria collocazione in quanto tale, in maniera ben più estesa, dunque, alla mera localizzazione geografica. Il tema posto dalla De Marchi non ha nulla a che fare con intendimenti volti a ricercare una definizione spaziale, si tratta più di una necessità di concepire se stessi in relazione a un contesto – pur mentale – piuttosto che sperimentare la marginalità, la desolazione, l'abbandono, l'allontanamento, la sevizia. "*Non basta ipotizzare un'assenza di vento o/ di vibrazione, non è sufficiente*", scrive la Poetessa ponendo in chiusura la questione di una reificazione dal paesaggio. Anche in questo caso, come d'altronde accade per l'intero lavoro, la chiusa della silloge è dedicata al pensiero di Malina non quale entità universale nella totalità delle sue definizioni ma nella forma concreta, tangibile, esperibile della sua macerata fisicità: "*il tuo corpo nudo e disteso nella roulotte non è/ un corpo vero, fuori di qui non esiste nemmeno/ di lui, mi fido*". La fase di ricerca di un rapporto con una proiezione di contesto dà luogo all'annullamento della forma, alla sua riduzione totale a possibilità non più percorribile. Quel corpo che non esiste – e che poche pagine prima era così presente e implorante, tra ecchimosi e denutrizione – non fa più parte di un immaginario reale perché l'accumulo di sofferenza che il procedimento poetico ha arrecato nell'elaborazione delle immagini, ha portato all'esigenza della sua rottamazione. Si tratta di una distruzione irreale, che si realizza man mano della ripresa di Malina, ma che è pur sempre una forma di nascondimento motivata da un oblio che si anela con foga.

Infine il corpo ritorna a essere centrale nella sezione "Gesti", una delle più struggenti ed evocative, più plasmatiche e vorticose dell'intero libro. Trovano posto liriche ispirate e dedicate a donne che hanno lasciato il segno non solo nel mondo della cultura ma in termini d'impegno sociale. Artiste performative e fotografe italiane e straniere che hanno messo al centro dei loro *happening* e performance il corpo umano studiandolo e offrendolo alla comprensione del pubblico sotto vari luci. Da Ketty La Rocca (1938-1976) nota per le "Craniologie" (1973), serie di radiografie al cervello con cui nella fase finale della sua vita si spogliò senza timidezza del male fisico che l'ammorbava, a Gina Pane (1939-1990) di cui la Poetessa scrive *"ogni/ gesto si muove nella carne./ ogni gesto tocca la carne/ la incide ogni gesto provoca una ferita lascia/ sul corpo una traccia sentimentale"*. La Pane, icona indiscussa della performance art degli anni '70 con particolare attenzione alla *body-art*, rimane nota – tra le varie istallazioni in giro per il mondo – per la performance nella quale si auto-infliggeva dolore, una sorta di martirio spettacolare al quale lo scioccato pubblico prendeva parte con curiosità o riprovazione. La stessa ebbe a dire: *"Vivere il proprio corpo vuol dire allo stesso modo sia la propria debolezza, sia la tragica e impietosa schiavitù delle proprie manchevolezze"*. Una disanima, quella della Pane, pur dalle connotazioni voyeuristiche e inclini alla spettacolarizzazione mediante situazioni-limite e *ready-make* fatti col proprio corpo.

Omaggio anche a Cindy Sherman (n. 1954) che – devo confessarlo – non conoscevo e che sono andato a scoprire proprio grazie al volume di Lella di Marchi. Nella poesia a lei dedicata si parla del corpo in relazione a forme di mutabilità, di cambiamento e trasformazione per mezzo di un processo di travestimento (l'incipit, invadente e risolutivo, già anticipa: *"il corpo non abita il genere"*). Ricerca e studio del corpo e delle sue ambivalenze, soprattutto nelle forme di contatto e relazione con un pubblico sconosciuto, una massa spesso piena di tabù e d'inconfessati desideri. Nell'istallazione "Sex pictures" (1989) la Sherman introdurrà anche l'elemento-immagine del manichino, poi proposto in smembramenti inconsueti e in scene piccanti o atte a risvegliare pensieri sepolti.

La De Marchi omaggia sapientemente e con profondo rispetto anche Francesca Woodman (1958-1981), fotografa statunitense che si specializzò nel nudo femminile in bianco e nero, artista morta all'età di ventidue anni; nella lunga poesia che ha lei come dedicataria la De Marchi annota verso la chiusa *"tutte cose che sono in me quanto le vedo tutte le cose che/ non possono essere me perché suono fuori di me./ il mio corpo è in tutte le cose che vedo ma non tutto/ intero, a pezzi, un po' qua e un po' là, in modo vago"* che richiama anche *Tutte le cose sono uno* (2015), titolo di una recente pubblicazione di narrativa breve della De Marchi.

Altrettante liriche sono dedicate alla performer francese Sophie Calle (n. 1953) alla quale scrive di *"quanto sia impossibile/ penetrare nel fondo di ognuno di esse"* e di *"quanto sia necessario/ avvicinare ogni corpo, un corpo alla volta, quanto sia/ necessario chiedere ad ogni corpo di lasciarci una/ testimonianza ulteriore di sé"*. In questo gineceo di presenze femmine da ricordare che hanno segnato distintamente l'arte concettuale e performativa delle ultime decadi non mancano neppure la fotografa americana Nancy Goldin (n. 1953) portavoce e difensore di un messaggio di sincretismo autentico tra arte e vita, nota anche per l' "Autoritratto un mese dopo esser stata picchiata", ben presto divenuto manifesto contro la violenza di genere e, ancora, le ben più note Marina Abramovic (n. 1946) definita "la nonna della performance art" e Vanessa Beecroft (n. 1969), artiste e performer di fama mondiale che hanno affrontato in modi diversi il tema della corporeità: dalla sperimentazione del dolore in Abramovic e il rapporto con il pubblico quale sconosciuta alterità, al *tableau vivant* di nudo della Beecroft. Autrici complesse e mai scontate che lanciano messaggi chiari – spesso di denuncia – o di riprovazione verso un mondo in cui la massificazione dei commerci, la molteplicità delle comunicazioni, il mancato dialogo e l'indifferenza generale fanno dell'uomo un essere spesso distaccato e incompreso, corazza di dolore a coprire uno stato di disagio.

In chiusura una lirica densa, dove le immagini si ricorrono e si affastellano, dove il verso lungo non dà requie al respiro e trascina in maniera concentrica verso una spirale di materia, di carne viva, che arde e si spolpa distaccandosi dall'osso. Si tratta della concretizzazione completa di quell'allucinante stato di delirio che ha anticipato la distorsione della frivola quotidianità e del cosiddetto normativismo: "*è un immenso paesaggio con ossa, vita che vive senza ornamenti di necessari ornamenti*". Non è affatto un caso che sia dedicata a una delle voci più distinte della poesia italiana del secolo scorso, autrice di *Variazioni belliche* (1964) e *La libellula* (1985). Il percorso della De Marchi si chiude con un mesto e al contempo vigoroso ossequio e tocco amicale verso Amelia Rosselli (1930-1996) della quale pure ci si riferisce alla "*caduta*" e alla sua disposizione "*in fondo alle scale*" che, di certo, non può non rimandare all'immagine scomposta del suo corpo ai piedi della rampa dove si suicidò. La Rosselli – via Lella De Marchi – pronuncia frasi livide che racchiudono tormento e instabilità ma anche esigenza di cambiamento: "*l'aria ha una forma che fa paura che non è astratta se vista da/ noi*".

VIII
SENSUALITÀ E DESIDERIO: LA POESIA TATTILE DI JESSICA VESPRINI

Jessica Vesprini (Fermo, 1975) vive a Civitanova Marche (MC). Appassionata di letteratura arte, poesia e di musica classica. Nei suoi componimenti poetici definiti in bilico tra lirismo e carnalità, indaga la condizione umana contemporanea: aspettative, trasformazione, desiderio e relazioni. Ha pubblicato la sua prima raccolta poetica *De-Sidus* a gennaio del 2017 dalla quale è nata un'idea di presentazione in forma di reading-concerto e un progetto artistico che prevede il coinvolgimento di ensamble e attori. Alcuni suoi componimenti, sia in poesia che in prosa, sono stati pubblicati su «UT- rivista d'arte e fatti culturali». Ha ottenuto menzioni speciali e alcuni suoi testi sono stati pubblicati in antologie (le antologie *Adriatico* e *Marche. Omaggio in versi*). Da circa due anni a questa parte, con la collaborazione di musicisti, artisti visivi e altri scrittori, ha ideato e realizzato letture spettacolo, che sono andate in scena in diversi festival e manifestazioni culturali, ai quali partecipa lei stessa come interprete dei testi, sperimentando contaminazioni culturali. È, inoltre, fondatrice e amministratrice del gruppo "Artismo" su Facebook che si occupa di promozione e condivisione culturale, che vanta attualmente al suo interno oltre mille membri.

L'opera *De-Sidus* (2017) è dotata di un apparato critico a firma di Ubaldo Sagripanti, noto psichiatra civitanovese nonché scrittore, pittore, drammaturgo e membro dell'Associazione Dantesca di Civitanova Marche. In esso si legge: "È un'opera impregnata di desiderio e inevitabilmente di mancanza in cui l'incontro, la ricerca e la perdita di Amore sono offerti con immediatezza fotografica autentica, appassionata e vissuta senza sconti. Ognuno dei componimenti illumina un preciso istante di tempo attraversato e che attraversa, di quella presenza a se stessi che si fa poesia nel momento in cui, la parola che si è imposta all'autrice, viene restituita e trasformata nel segno irreversibile di quel tempo fatto di attimi che è l'unica porta del mistero nudo, sensuale e purissimo della vita che a ognuno di noi è dato di vivere, se lo scegliamo, una parte più e meno altrove".

Quella della Vesprini è una poesia d'amore e di lontananze, di complicità perdute e di ricordi, che riflette e ha a che vedere con la solitudine imperniata sulla lacerante considerazione che spesso *"non basta l'amore/ per avere ragione"*; il linguaggio sembra piano e modellato su scelte lessicali non particolarmente elaborate, sebbene non di rado facciano capolino espressioni cariche di criticità, allarme sociale e foschi pensieri come quando, nella poesia "Vita", parla di un tempo in cui *"l'amore gioca con lo stupro"*. Centrale e pervasivo, da divenire focus preminente delle liriche, è il tessuto carnale e corporeo dell'uomo, la cui esperienza sensibile (tattile) ne individua una vera e propria unità tematica.

Il corpo, nelle sue forme, posture, descrizioni del vissuto e proiezioni in sogno, fa da padrone in queste poesie dalla tessitura visibilmente carnale, che reclama uno scambio concreto d'essenza, sperimentando rapporti cercati e consumati tra lembi che *"si sfiorano/ e si gusta[no]"*. C'è piacevolezza nello sguardo e nell'intesa che si crea con una buona dose di chimica che non ha in sé spiegazioni e che rivela le predisposizioni intime all'incontro, al riconoscersi, alle necessità dell'altro.

Nel corpo sono condensate intimità, seduzione, voglia di godimento, vale a dire l'ottenimento di una pace reale, vera e godibile, nel mondo transeunte che la realtà impone. Ci si appropria del mondo allora, proprio per mezzo di un atto di soddisfacimento fisico, di estasi, di pacificazione, sia esso sessuale, com'è il più delle volte il caso, che alimentare. Relativamente a questo ultimo aspetto non vanno assolutamente dimenticate le relazioni feconde e inscindibili che s'istaurano tra mondo sessuale e alimentare e, per traslato, tra voglie-fame, aspetti che nella loro dimensione necessitano di un soddisfacimento concreto dove il sentimento di bisogno, per l'appunto, è vanificato dall'insorgenza o dalla proposizione di quelle condizioni concrete in grado di alleviarne la foga e l'intensità o di colmarla. Si tratta, però, di "nutrimenti" (per citare un'efficace lirica della Nostra) temporanei e non-durevoli, in quanto tali, illusori, se non addirittura palliativi. Nella stessa poesia, infatti, si percepisce il tono smaliziato del 'ritorno' a una condizione di normalità a cui l'esistenza ci costringe subito dopo un attimo di spensieratezza e di profonda intimità (*"Rientrammo ognuno nel proprio corpo"*), tuttavia la metafora alimentare, dell'appropriarsi dell'altro, del cibarsi (sia di respiri e baci che d'altro) viene qui traslata da una significazione sessuale, di simbiosi fisica, di amplesso amoroso a un'altra di tipo prettamente nutrizionale: *"godemmo poi/ di una colazione che/ anch'essa era lussuria"*. L'operazione dell'introduzione di un cibo nel corpo – non precisato – ma che dà modo ad alcuni ingredienti di *"mescolarsi e [...] distruggersi"* non solo ha in sé qualcosa di erotico, ma addirittura di lussurioso, vale a dire di proibito, d'ingovernabile, di peccaminoso. Ci troviamo dinanzi all'esplicitazione nella forma massima di un compimento completo di un bisogno non più latente, comprensibile, comune a ciascuno e confessato senza remore.

Implicito nel tema del corpo è la tattilità: l'approccio empirico della sfera sensoriale del palpare consente di raggiungere non tanto uno stato di conoscenza e, dunque, la confessione di una realtà, ma l'ottenimento fisico di un contatto sospirato e motivo di tormento che, compiendosi, è foriero di sugello emozionale, connubio inscindibile, nell'amore reversibile che si dà e al contempo si riceve. La cadenza del verso è data dall'accarezzare e dall'avvicinarsi, dal toccare, al sentire con la mano, e ancora, dallo sfiorare, al lambire e al baciare che è, forse, tra gli amanti, la forma più casta e al contempo più simbolica di quella vertigine amorosa. Nella poesia "Noncontrollo", il cui titolo esemplifica in maniera vincente la difficoltà all'autogestione quando si è pervasi da un sentimento d'amore totalizzante che ci avviluppa completamente corpo e anima, leggiamo: *"Un tocco sulla mia carne/ e dalla tua mano/ ho sentito il sangue"*.

È intuibile come, assieme al bacio di cui s'è detto, altre realizzazioni dell'unità tra gli amanti siano gli sguardi, gli incontri, gli *"incastri perfetti"* e tutte quelle situazioni che possano consentire un contatto di pelle, sia uno sfregarsi innocuo, un afferrarsi violento o, ancora, una carezza misurata. I due corpi nell'atto fisico del toccarsi perdono la propria singola identità per fondersi in un tutt'uno, in un unico essere vitale che vede assopirsi il lato razionale tanto che lo psicologo francese Didier Anzieu ha osservato che la pelle è "strumento e luogo di scambio con gli altri".

L'approccio sensoriale dell'io lirico nel trasfondere i momenti d'intimità e passione che la Nostra vive, anela o ripensa con nostalgia, non travalica mai quella compostezza formale e quel gusto raffinato che le è proprio. Non vi sono immagini scontate o in sé superflue né accostamenti arditi che svelino troppo facendo forza su un linguismo esplicito che travalica il consentito o ciò che è preferibile e più ricco se alluso. Niente a che vedere con l'espressionismo crudo e l'immagine iper-carica dei versi di Patrizia Valduga (*"Osceno e sacro l'amore delibera/ stessa sede per sé e gli escrementi"*, qui addirittura in sembianze scatologiche), né con i formalismi arroccati di Ana Rossetti tesi a leggere la fisiologia e la natura della donna nei meccanismi anatomici (*"il suo cimiero/ rosso e sugoso avrà il sapore delle fragole"*). Ben distanti anche da un lirica della Merini in cui eros e alimentazione (come avviene spesso) sono ben coesi; in "Il suo sperma" la poetessa dei navigli non si esime dall'esordire con versi d'impatto, così pregni di vita ma che, a qualche stomaco leggero, possono risultare ributtanti: *"Il suo sperma bevuto dalle mie labbra/ era la comunione con la terra./ Bevevo con la mia magnifica/ esultanza/ guardando i suoi occhi neri/ che fuggivano come gazzelle./ [...]/ Avevamo con noi i viveri/ per molti anni ancora"*.

La Vesprini adopra un linguaggio semplice, volutamente restio a parallelismi osé, rimandi di difficile decifrazione o elementi seduttivi che ammiccano, esaltano o contribuiscono alla compartecipazione voyeuristica di un possibile lettore infatuato. I toni sono, infatti, sempre per lo più pacati ma non per questo meno efficaci e piacevoli come accade nell'incantevole poesia (inedita) "Toccare" che può essere ben assunta come emblematica e sinottica del suo percorso concettuale.

In essa la poetessa, quasi disturbata da un assillo che rincorre nella sua testa senza lasciarle tregua, così svela a noi tutti il motivo della sua inquietudine: "*Quanto è breve/ questa nostra capacità di toccare?*" e poi, nel verso immediatamente successivo, continua, ancor più pressante nell'esplicitare questo patimento che è figlio del *tempus fugit*: "*Per quanto tempo/ ci potremo accarezzare?/ Mescolare le lingue?*". L'io lirico, visibilmente confuso e infastidito dal non poter avere certezze definite in merito alla durevolezza dell'amore (tema, tra l'altro, assai carico a Shakespeare nei celebri *Sonetti* ma anche alla pattuglia dei Romantici), pone domande che sa che non potrà rispondere da sé né ricevere risoluzione dall'ambiente esterno. Difatti il "quanto tempo" è una domanda ineffabile per quantificare l'amore che non ha limiti e si dirama in estensioni multiple. La poetessa in realtà sa che le sue domande tali resteranno ma è notevole che le ponga con così tanta convinzione perché la risposta non ha nulla a che vedere con la quantità del tempo, ma con la qualità.

Ecco, infatti, che nella chiusa l'io lirico, come distolto da un sonno nel quale era piombato nell'interrogatorio con se stesso, risale la china trovando non tanto la fiducia nel voler continuare e la speranza, ma la chiave di volta per affrontare il presente che sfugge: "*vale la pena/ vedersi avvizzire e finire i giorni/ per lasciarsi abbracciare*". Il ritrovato equilibrio avviene mediante la consacrazione della vita che è un processo di consunzione che procede inarrestabile, con mete, esiti e percorsi non definiti e dalla durata variabile, mai pronosticabile. L'esornativo annuncio finale è ben posto nell'asciuttezza formale che contraddistingue la cifra poetica della Vesprini: la confidenza-invito a un'alterità, che siamo noi tutti, nel (saper) vivere la vita con pienezza col (consapevole) pensiero della fine è incuneata in una chiusa che ha dell'essenziale e, al contempo, del profondo.

IX
La terra che trema è sempre la mia terra: Gianni Palazzesi[15]

L'opera poetica d'esordio di Gianni Palazzesi (Treia, 1955), *Frammenti d'incertezza* (Simple, 2017) è intrisa di terra e ci parla di emozioni dolci, di preoccupazioni e di aneliti di speranza. La terra è presente nelle sue varie sfaccettature, a partire dalla sua realtà geografica, vale a dire dall'ambiente in cui è radicato, ai legami familiari tra antecedenti e discendenti, seguendo con amore e orgoglio le radici genealogiche. Cari che il nostro ricorda con affetto e nostalgia, come la figura paterna, al centro di numerose liriche di questa sua opera prima, ma anche la madre, ormai anziana e chiusa in un mondo tutto suo che osserva, al di là della finestra, il giorno che nasce e che muore. Versi la cui semplicità delle immagini consente di enfatizzare il carico sensoriale del poeta, trasmettendo in maniera efficace al lettore il forte rapporto che lo lega alla sua famiglia, come pure al contesto ambientale della Provincia maceratese. Le poesie non difettano, infatti, di elementi che permettono di circoscrivere l'ambiente prettamente di campagna di cui la

---

[15] Tale testo corrisponde alla prefazione al GIANNI PALAZZESI, *Frammenti d'incertezza*, Simple, Macerata, 2017; esso è stato ripubblicato su "Blog Letteratura e Cultura" il 3 Gennaio 2018 e disponibile al link https://blogletteratura.com/2018/01/03/la-terra-che-trema-e-sempre-la-mia-terra-la-poesia-di-gianni-palazzesi-in-frammenti-dincertezza/

terra è mezzo primario ma Palazzesi non disdegna neppure l'immagine archetipica dell'acqua: le onde del mare che si frangono sugli scogli ma anche la neve, acqua nella sua forma cristallina, che il poeta invoca come felice immagine dell'infanzia e motivo di stupore.

Il poeta sembra calarsi quale narratore onnisciente, esimendosi di prendere parte attiva sulla scena preferendo, invece, situarsi in un cantuccio per osservare meglio, a distanza e non visto, ciò che accade. Non si tratta di un voyeuristico origliare, piuttosto di un'esigenza di guardare oltre: non solo ciò che prende forma, ma ciò che esso trasmette e significa. Proprio come l'immagine del padre affaticato per l'età o, più verosimilmente, per il duro lavoro nei campi: *"guardo mio padre falciare/ grondante di sudore"*. Risalta la figura dell'uomo laborioso, del contadino operoso e attento, scaltro nel suo lavoro, taciturno e perseverante con il quale la critica ha tratteggiato la tempra del marchigiano, del saldo uomo di provincia, amante della sua terra e di essa depositario e custode. Le immagini così fulgide di vedute del padre nella sua attività agricola danno modo di pensare e di sperare a occhi aperti che possa tornare a rivederlo: *"Cammino da solo... rassegnato/ [...] credo ancora/ di incontrare mio padre, di trovare fiori"*. La malinconia che il poeta sente nei confronti del padre ormai lontano dal tempo dei fiori (della felicità, della completezza) sono resi con una terminologia piana, senza bovarismi di sorta: l'effetto che il poeta produce è forte e indiscutibile. Dolore per l'assenza della figura del padre, una sensazione di stordimento e incomprensione: lo scenario agreste, quella terra ricca e rigogliosa a seconda dei cicli di crescita e raccolta, non è la stessa di quando il padre ne era parte integrante e operativa. Se la mancanza è percepita in maniera pressante e costante, d'altro canto il poeta sembra convivere con una certezza, consolatoria se non del tutto pacificante, di una qualche interazione – pur indiretta – da parte del padre: "*Ascolti ancora/ i miei silenzi/ padre oltre la fine*".

Nativo di Treia e residente ad Appignano dal 1964, il poeta si configura territorialmente e identitariamente con la provincia maceratese, spazio localizzato nel centro della Regione dove, secondo gli studiosi, dal punto di vista linguistico sarebbe da ascrivere la natura più propria e distintiva di un ideale dialetto marchigiano. Definizione, questa, assai ampia e pertanto imprecisa essendo la nostra terra plurima per influssi, caratteri e tendenze e dunque anche dal punto di vista linguistico. Non è interesse diretto del poeta quello del dialetto ma senz'altro verso l'amore per la sua terra che, anche nei componimenti che hanno un destinatario palesemente amoroso per una donna, non manca di essere definita, allusa, abbozzata. Il "*picchio scrupoloso*" è immagine di questa terra mediana in cui proprio tale pennuto è identificativo della regione, un tempo definita Picenum, da *picus*, appunto, che significa 'picchio'.[16] Alcuni stralci paesaggistici, uniti a un approfondimento esistenziale, possono essere rintracciati in maniera chiarificatrice nella poesia "Antica terra mia" (una delle tre datate 1976): "*La mia terra,/ come un intreccio d'edera/ un amore, la mia vita/ la mia esistenza, il mio avvenire/ tutto nella mia amata terra*".

C'è poi la terra nel suo subbuglio, nelle onde telluriche che sconvolgono le placche, fanno sussultare persone,

---

[16] I piceni storicamente furono stanziati tra il IX e il III secolo a.C. in un'ampia fascia di terra rispecchiante sull'Adriatico compresa grosso modo tra il corso dei fiumi Foglia (che nasce in Toscana sul Monte Sovara e poi attraversa Pesaro sfociando nel suo mare) e il fiume Aterno (che nasce dal monte della Laga, passa nell'Aquilano unendosi poi al Pescara e sfociando nel mare dinanzi al capoluogo abruzzese). I piceni avevano conquistato dunque un ampio territorio che comprendeva le Marche e parte dell'Abruzzo. Al nord delle Marche, invece, erano stanziati i Galli.

cadere case, inquinare di tormento l'anima dei fanciulli. La nostra regione – purtroppo – non è affatto nuova a episodi sismici: nel 1997 forti scosse interessarono le zone di confine tra Marche e Umbria nei pressi di Colfiorito-Gualdo-Foligno[17] e, più recentemente, nel 2016 il tremendo terremoto che colpì l'alto reatino (Accumuli, Amatrice, Illica, etc.) diede vita a un lungo sciame sismico (ad oggi ancora attivo) che ha interessato in maniera assai significativa le Marche meridionali con particolare attenzione ad alcune aree del Maceratese. La poesia "Non scapperanno" è proprio dedicata ai terribili momenti che hanno interessato il nostro territorio e che ha distrutto interi centri quali Visso, Ussita e Castelsantangelo sul Nera, a poche decine di km dai luoghi abitati dal nostro.

Palazzesi non chiama l'origine dello sfacelo col suo nome, ce lo descrive, invece, mediante il suo dato sonoro e tramite i gravosi effetti che esso ha prodotto: *"un boato lo annuncia/ sotto una nuvola di polvere/ tutto è crollato"*. Dalla visuale sull'ambiente urbano sprofondato su se stesso, il grandangolo si concentra sulle disagiate condizioni delle genti, miracolosamente illese, che, pur private di ogni cosa – forti nella loro spartana semplicità e austera dignità – non lasceranno la loro terra, le proprie origini, i loro monti, le strade, quell'ambiente che li ha visti nascere e crescere: *"persone ancorate alla terra natia/ alle macerie/ fondamenta per il nuovo domani"*. La terra – che immaginiamo colorata e in pace con se stessa – è ormai sostituita da rottami di cemento e altri materiali, ferri torti, travi scheggiate, materiali che in sé trasmettono il segno e la gravità dell'accaduto ma che – nella

---

[17] La scossa più distinta fu avvertita il 26 settembre 1997 in una frazione di Foligno. Ad essa ne seguirono numerose altre e lo sciame sismico durò per circa un anno. Il numero complessivo delle vittime fu dieci ma l'evento sismico produsse lo sfollamento di migliaia di persone. La navata della Basilica di San Francesco ad Assisi crollò uccidendo alcune persone.

necessaria speranza che s'intravvede – sarà materiale di risulta per una ricostruzione degli spazi, delle case, del centro abitato, della vita sociale. Apprezzabile e non per nulla scontato questo messaggio di fioca luce che è necessario per poter risalire la china di una depressione delle genti a seguito delle scosse che li ha privati delle proprie case, quando non della propria vita o di quella dei propri cari.

Questo mostro tumultuoso che tutto scrolla ritorna anche in altre liriche, scritte nel lontano 1976, nelle quali Palazzesi, allora in servizio militare a Pordenone, avvertì distintamente le scosse del terremoto del Friuli (prima scossa maggio 1976 e recidive nel settembre dello stesso anno per un totale di 900 morti circa); nella poesia "Li ho visti" il ricordo indelebile dei soccorritori che nella frenesia del momento diedero anche la loro vita al servizio degli altri: "*Ho sentito la terra tremare ancora/ e dal loro lavoro… solo macerie*". Angoscia che il poeta ha rivissuto recentemente e che ha tratteggiato in "Attimi infiniti", poesia il cui sottotitolo recita "Sei tornato". Quasi un rapporto confidenziale con qualcuno che si è conosciuto già (a Gemona, per l'appunto) e che ora, di soppiatto fa capolino nuovamente gettando nell'angoscia e alimentando quell'incredulità di esserci nel domani. "*Sei tornato ancora/ spaventoso e devastante*" al punto da rimembrare la traumatica esperienza vissuta in Friuli: "*Sei tornato/ a fine estate/ come allora,/ come nel '76 a Gemona/ aprendomi ferite mai guarite*". L'avvento della forza della terra è capace di rivitalizzare e rinvigorire un dolore passato e, forse, mai del tutto metabolizzato. Lo scuotere della terra, delle fondamenta della propria casa, e l'insicurezza che, come un velo gelato, ammanta il poeta e le sue genti rattrappendone gli arti e ostacolandone le funzioni vitali. Sospensione e angoscia in cui la minaccia della magnitudo e delle scosse di assestamento non consentono di riprendere quella parte della propria esistenza, dei propri desideri e di se stessi che prima dell'evento infausto rappresentavano la normalità. Palazzesi, anche negli istanti più dolorosi e nevralgici, mantiene un tono contenuto nel quale non si percepisce mai più di una desolazione disarmante; la stizza e lo sconforto – pure possibili e concreti in tali circostanze – non prendono mai il sopravvento. Il verso tiepido e improntato alla resa di immagini desolanti che ben conosciamo vive nell'intenzione mai doma di omaggiare e baciare quella terra mitica e arcaica che fu dei suoi avi e delle sue genti e che, *"come un intreccio d'edera"* non ha da essere sgrovigliato né divelto.

La doverosa attenzione va anche posta sul titolo di questa raccolta che costituisce – al di là di varie singole poesie pubblicate in antologie e riviste – la prima pubblicazione organica. La parola 'frammenti' sembrerebbe richiamare quella tendenza poetica inaugurata agli inizi del secolo scorso e definita per l'appunto "tecnica del frammento"; si trattava di un genere destrutturato e innovativo di comunicare concetti in cui non era ben definibile una demarcazione netta tra la poesia propriamente detta e ciò che in seguito sarebbe stata definita prosa poetica. La poesia di Palazzesi, che non ha nessun carattere proprio della prosa, viene proposta quale summa di frammenti, vale a dire di appunti, di schegge, un mosaico fatto da elementi che si caratterizzano per la loro esiguità e frammentarietà. Frammenti che, uniti in un contesto concettuale com'è proprio quello della raccolta (il tema della terra, come detto) si connotano ancor meglio nella loro compatta consequenzialità e legame. Una raccolta di idee e disegni lirici, di brandelli emozionali, di tessere di uno schema ben più ampio e complesso. La buona poesia, in fondo, dovrebbe sempre essere sotto forma di un frammento, auspicando la trattazione di determinati momenti, episodi o stati emotivi concepiti nel loro tempo/spazio nei quali si sono originati, sviluppati e diffusi. Il fatto che questi 'frammenti' siano collegati alla 'incredulità' costituisce, invece, un assioma curioso, ben difficile da sviscerare direttamente. Incredulo è colui che è refrattario a fidarsi o a credere; sulle ragioni che possono determinare tale situazione non è possibile mappare il vasto spettro delle possibilità ma basterà dire che una incredulità può derivare da una debole auto-stima, da una mancata comprensione del mondo o dell'altro, da un temperamento inflessibile con se stessi o, ancor più, dalla mancanza effettiva di quegli arnesi conoscitivi atti a porre l'individuo nelle condizioni propizie per maturare una responsabile sicurezza e convinzione.

Qui, nell'opera di Palazzesi, sembrerebbe che quell'incredulità ha più a che vedere con un misto di stupore per la natura e di scoramento per gli sconvolgimenti sismici che tanto spesso hanno lambito l'esistenza del Nostro, in luoghi ed età diverse. Incredulità quale forma di meraviglia e gaudio ma anche come incapacità di convincersi dell'impossibilità di rivivere i momenti felici del passato. Occhi bagnati da lacrime che sono amare per il senso di nostalgia e mancanza ma anche di commozione e pienezza per il presente che è foriero e scrigno di gioie e ricchezze emotive.

$$X$$

TRA FIORI E PIETRE, L'ACQUA È BALSAMO: SABRINA GALLI[18]

Hai radici che affondano
negli epiteli accesi dei tramonti,
assetate si diramano nelle notti,
si attorcigliano come galassie umane.

La poetica di Sabrina Galli (Busto Arsizio, 1964), che da decenni vive a San Benedetto del Tronto (AP) – è fatta di raffinatezze e di aromi quotidiani, di dolci scenari e di amare analisi della cupa società d'oggi. Nella sua opera, *Emozioni tra fiori e pietre* (Ass. I Luoghi della Scrittura, 2017)[19], ricorrono suadenti le immagini naturali dell'ambiente in cui la Nostra vive dominato dal mar Adriatico che lambisce la bella riviera delle Palme. Una poetica onesta e lucente nella quale, se si è portati a bearsi della ricchezza della Natura e si descrive la beltà delle forme, dall'altra parte non è insensibile né cieca verso dinamiche sociali che caratterizzano la società d'oggi quelle che definisce "*voci spente nei corpi giacenti*". La poetessa, infatti, indossa la voce a difesa di classi disagiate dell'umanità quale le prostitute o i senzatetto affidando pensieri positivi a

---

[18] Questa recensione è stata pubblicata il 9 Gennaio 2018 sulla rivista «Il graffio» disponibile a questo link: http://www.ilgraffio.online/2018/01/09/le-emozioni-fiori-pietre-sabrina-galli-libro-della-poetessa-sambenedettese/
[19] A tale opera è seguita la silloge *I volti del cielo*, Aletti, Guidonia, 2018.

questi strati sociali costretti a vivere in una società che li sfrutta, che li deride, che ne fa uso e consumo a seconda delle proprie volontà. Sin dalle prime righe il tema nevralgico della memoria dimostra essere importante, tanto da ricorrere nelle varie liriche e legarle un po' in un unico filo; la poetessa parla della "*lanterna dei ricordi*" a intendere quel bagliore che, pur impalpabile, è possibile ritrovare per riallacciarsi all'età andata, ai momenti vissuti e ormai distanziatisi da noi a causa del processo di crescita, quelle "*memorie/ ammantate dal vivere*".

La poetessa, con un verso sempre pulito e scevro da barocchismi o da sincopate forme ermetiche, si premura d'occuparsi di tutto ciò che sta intorno a lei: non solo ciò che, personalmente e nell'intimità, la riguarda in quanto persona ma anche ciò che la chiama in causa in quanto parte di un gruppo sociale. Ecco che parla del "*profondo delle tenebre*" e della "*ulcera dell'odio*" per riferirsi, ancor meglio e senza infingimenti, a coloro che sfruttano e mentono: "*L'odio che ti muta, che ti spinge/ a schierarti sulla linea esatta/ delle scelte errate degli uomini,/ imposte col potere, imposte da deleteri fanatismi./ E l'uomo diventa carnefice e vittima di sé stesso/ e apre insanabili piaghe negli animi*". È vero, s'ha anche da osservare – come in questo caso specifico – la tendenza a rivelare ambiguità umane, casi di sfiducia e d'idiosincrasia sociale, vale a dire di denuncia verso realtà pietrificatisi in maniera drammatica per mezzo di un poetare che sembra superare volontà ritmiche e cadenzate per avvicinarsi ben più a un prosimetro. Forma che, nella libertà d'immagine e nella fluidità dell'intercalante verso lungo, permette di ascrivere una realtà fisica, concreta, realmente sperimentata all'interno di una sorta di microcosmo che la poesia stessa, quale bomboniera, propone. Attenzione e premura verso i disagi dell'uomo, insofferenza e dispetto nei confronti dell'inadeguatezza del pover uomo di far fronte alla vita di tutti i giorni a causa d'inciviltà, barbarismi, grettezze, burocrazie smodate, forme di violenza, corruzione e denigrazione.

Sabrina Galli va rintracciando nell'ambiente, complice le nervature della memoria che è sempre presente e, come un fuoco, è in grado di accendersi velocemente e divampare, quelle che sono le forme di corrispondenza tra sé e il mondo, le risonanze comuni, i sentimenti di condivisione ("*Siamo calamite;/ sagome distese/ nel campo magnetico*", scrive nella poesia "Albe accese") che stonano e minacciano con quell'accesso "*divisionismo*" e con gli "*sterili gesti*" di cui si riferisce nella poesia dedicata a Clessidra. Comune sentire d'irrazionale foggia ("*euritmica fisarmonica*") che si realizza in quel patto indissolubile tra la poetessa e la natura ("*Sono a morire di vita/ nelle corde vocali del mare*") in cui la liquidità del mare diviene mare magnum di liquefazione del corpo che, pure, in altri stati di materia è pulviscolo e inconsistente come l'aria: "*Sono qui a lasciare/ che il cielo mi spogli*". La natura non solo è amica dell'uomo ma nelle liriche della Galli è una sua estensione, in linea con quell'universalismo panteistico descritto da noti filosofi: "*Ma il cielo è una spugna/ che assorbe il lamento*". Parimenti la condizione dell'uomo è quella di un'entità sottoposta al dominio degli eventi, a un'esistenza regolata in qualche modo predestinatamente: "*Sono una pedina/ [...]/ di una scacchiera bianca e verde*" anche se l'atto volitivo e la necessità di scelta s'impongono come naturali condizioni nel congruo sviluppo psico-fisico del soggetto. L'io lirico, infatti, poco dopo dirà: "*Scelgo una direzione./ Mi muovo*", divenendo fiero e responsabile padrone di sé e del suo futuro.

La poesia della Galli abbraccia vari ambiti e fasi della vita dell'uomo ponendo attenzione sul mondo della memoria, del tempo che cambia, del presente indefinibile, dei sentimenti spesso recalcitranti, della difficoltà di ascoltare anche se stessi, appesantiti dai *"prolungati dilemmi del dubbio"*. Ci sono, però, immagini veramente luminose che gettano fiducia in un domani di felicità e benessere, da intuire in quei *"bisbigli/ dei domani"*, quasi dei sussurrii che anticipano in forma latente, un domani di gaudio e completezza interiore. Ed è forse in tali circostanze che *"la coperta dell'inconscio/ ricamata da disarmonici respiri"* viene rimossa da far risplendere e rendere protagonista unica *"l'interminabile area dell'anima"* di cui questa poesia pulsa e la poetessa vive edulcorata.

La Nostra non manca neppure di porre attenzione verso il dominio del buio visto da un ipoacustico (nella poesia "Inaccessibile leggerezza") e di quella componente irrazionale e ingovernabile dell'uomo caratterizzata dalla presenza e dall'attività di *"onde cerebrali oniriche/ [...]/ che l'inconscio è"*. Tra le curiose *"amenità dei respiri"* e gli altrettanto impalpabili *"sciami di profumo"* diventa importante riconoscere il tema dell'acqua – nelle sue varie forme, derivazioni e significati – come centrale all'interno del lavoro. Essa è presente/assente a seconda delle circostanze in maniera elotiana, quasi a intendere una sovrabbondanza/carenza di istinti vitali, di possibilità di futuro. La poesia "La notte osserva" si apre con una immagine senz'altro archetipica di ciò in quanto la volta celeste, nel suo buio, è ritratta mentre fissa e contempla proprio l'arsura. Un colloquio impari tra la vastità del cielo e la penuria di liquido vitale. Poche pagine dopo, in "Accade", la Galli parla di un *"mare avvilito"* metafora della nostra desolazione che porta a insofferenza e ripiegamento. Quel senso di carestia della fluidità, della secchezza e dell'impossibilità di una fertile sviluppo è in qualche modo presente anche nella poesia "Il 'là'" nella quale si parla di *"semi caduti/ da torsoli di sogni"* e dei *"solchi del tuo volto"*, linee che immaginiamo scavate in maniera così profonda e netta da far immaginare un campo arso in cui anche l'uomo trova difficoltà a lavorare. Mondo di asperità contraddistinto dall'aridità e dall'arsura che, nei reconditi e arcani cicli di rinascita e splendore (reali, quanto metaforici), vengono felicemente soppiantati dallo sciabordare e fluir delle acque che ripopolano e rinvigoriscono. Perché nel mare è la vita e nell'acqua la speranza di rinascita: "*Curerò ogni escoriazione/ con alghe donate dal mare/ E tornerò/ quando il mio corpo sarà/ un colorato mosaico*".

XI
L'AMBIENTE INCORROTTO: IL CANTO POETICO NELLA SIMBIOSI NATURALISTICA

Parlando della poesia sulla natura, tema ricorrente e nevralgico nella produzione di quasi ogni poeta, va rivelato che l'enormità dei testi, dei riferimenti e delle ambientazioni che vengono tracciate dagli autori nelle varie liriche non ci consente di poter esaminare con profondità e in maniera distintiva ciascun apporto al mondo della poesia delle varie espressioni poetiche. Tuttavia va riconosciuto in questa poesia un canto d'elevazione verso l'alto nonché una mimesi agognata negli effluvi della natura, sia essa boschiva, che negli sterminati scenari che contraddistinguono l'ambiente paesaggistico nostrano. Ci riferiremo, così, in breve, ad alcune delle esperienze o dei poeti che hanno un significativo numero di opere nel loro repertorio che in qualche modo si relazionano in maniera inscindibile con l'elemento naturale.

Il volume della poetessa **MICHELA TOMBI** (Pesaro, 1973), *Dentro il mio vento* (autoprodotto, 2017)[20], si apre con una preziosa e affezionatissima poesia dedicata alle Marche, regione elettiva per sentimento e legame. In questo momento non facile per la nostra Regione sottoposta a

---

[20] Il testo che segue, salvo alcune piccole modifiche, è una porzione della prefazione allo stesso volume.

pesanti sfide quali, appunto, lo sciame sismico che dall'Agosto scorso sta investendo la parte meridionale della Regione, questo canto di lode rappresenta la predella d'altare più preziosa di quel sentimento di *marchigianità* di cui scrisse il dimenticato Carlo Antognini. Nell'inno di lode Michela Tombi enfatizza la rigogliosità e la molteplice varietà degli spazi ambientali e paesaggistici che contraddistinguono la Regione, l'unica al plurale, di cui Guido Piovene nel suo lungo diario esplorativo e d'inchiesta *Viaggio in Italia* (1966), scrisse "*L'Italia, con i suoi paesaggi, è un distillato del mondo; le Marche dell'Italia*".

La Poetessa dice che questo territorio "*ha un'anima antica*" fatta di compostezza e orgoglio, spirito volitivo e generoso sebbene non manca di far riferimento a uno dei *topoi* più pregnanti e da sempre enucleati dalla critica in relazione al temperamento del regionale quale uomo modesto e ritroso, addirittura "*inconsapevole/ della sua bellezza*" come chiosò anche il poeta di Cupramontana Giorgio Umani parlando dell'incapacità del marchigiano di valorizzare le sue genialità o ricchezze.

La dolcezza del territorio, la sinuosità dei colli che degradano in maniera graduale verso la riviera Adriatica è ben delineata nella poesia che, in questa disanima paesaggistica così affascinata, non può che rimandare alle suggestioni visivo-emozionali del Genio Recanatese. Michela Tombi ci descrive le Marche come una terra aperta e ospitale, generosa e protettiva, pluricromatica e armonica, leggiadra e abbigliata elegantemente, sontuosa e femminile, come una sposa, ennesima reincarnazione della Grande Madre. La componente umana vi è descritta quasi assente o appartata, sembrerebbe addirittura reticente a esporsi a causa del suo connaturato riserbo ma fortemente presente per mezzo di atti pratici, di una gestualità affabulante, di opere, di lavori, di sacrifici concreti che permettono di far fruttificare la terra. Gente che non ha nulla di spavaldo e che ha eletto piuttosto il silenzio, la calma riflessione, il tacito passeggio quali elettive forme d'intrattenimento con l'ambiente, persone che sanno dimostrare molto ma che non si lodano né cercano amplificazioni per le loro grandezze che tali restano, pur prive di un riconoscimento planetario. Difatti *"Un sorriso autentico"* vale più di mille parole, di retoriche di grandezza, di superfetazioni e di magniloquismi roboanti e invadenti: nella semplicità delle genti e nella leggiadrìa degli ambienti ecco che la Nostra è anche in grado di ritrovare se stessa; essi sono gli unici carburanti efficienti per poter credere che *"Questa è la mia terra,/ questa/ è la mia pace"*.

Un'ancella a servizio della campagna, una ninfa, una fata silvestre e, ancora, un'amazzone, una sirenetta, un'odalisca, una sibilla. Ecco come appare Michela Tombi attraverso le sue poesie. Liriche che hanno una composizione visiva non di rado piuttosto filiforme e smunta ma che contengono un mondo variegato di colori, odori e percezioni sonore. La Nostra vive le sue giornate in una condizione di perfetta simbiosi con l'elemento naturale, rappresentato da ogni tipo di biosfera, ecosistema, elemento o tipo di vegetazione. Si evidenza in particolar modo l'affiatamento con l'universo acquatico, l'affratellamento con gli alberi e il sodalizio profondo nei confronti di tutto ciò che ha una vita propria, animale, vegetale o umano che sia. In più poesie la Nostra ricalca l'angoscia ecologica, vale a dire la sua alta caratura morale nei confronti di episodi o costumanze che pongono la natura, già al servizio dell'uomo, in una condizione di sfruttamento massiccio: la condanna – mai espressa in termini espliciti né indignati– è viepiù evidente in quei componimenti in cui l'immagine dello spazio naturale, che sempre incanta lo sguardo della Nostra, viene fornita in termini di criticità, disaccordo e viva preoccupazione. Michela Tombi si dice contraria agli scempi quotidiani derivati dalle tradizioni come la mattanza dell'agnello nell'occasione delle festività pasquali e dinanzi a episodi di vera e propria contaminazione dell'ambiente quale può essere uno sversamento di bitume in mare.

Nel canto di lode alla natura, al sentimento di profonda gratitudine per l'esperienza della vita, al fascino verso territori tanto ricchi e variegati dal punto di vista ambientale, la poetessa pesarese non manca neppure di prendere in considerazione questioni di carattere prettamente sociale, vicende che hanno la loro importanza nevralgica nel periodo storico nel quale siamo chiamati a vivere. Ne sono testimonianza i versi dedicati a casi di violenza sessuale che sono così comuni e reiterati nella nostra attualità sebbene il sistema legislativo in vigore negli ultimi anni abbia permesso di incriminare molti più aguzzini di quanto non venisse fatto in precedenza. Questi fiori recisi, queste esistenze barbaramente sottratte all'affetto dei cari, vengono ascritte in un presente fosco e tormentato non dissimile dai secoli passati, in ciò che la Nostra definisce in maniera assai pregnante *"questo nuovo medioevo"*. Età presente contraddistinta da abusi e sconsiderazioni, da anaffettività e corsa indomita alle logiche egoistiche ed economiche, disattenzione sociale ed emarginazione dei più deboli per le quali la Poetessa è come se – in termini di *poiesis* – s'immolasse quando recita a un interlocutore astratto e ubiquamente presente: *"Perdona ti prego/ la cecità delle persone/ che non vedono la tua anima"*.

Del nostro tempo presente la poetessa si sofferma a enucleare due dei mali bianchi, vale a dire taciuti, non dichiarati tali in quanto impalpabili da un punto di vista meramente materiale: la fretta, sinonimo di frenesia, consumo, mancanza di tranquillità e l'indifferenza, che spesso non è solo con-causa di un crimine ma è esso stesso causa diretta. Assistiamo, infatti, a episodi di menefreghismo e latitanza, d'indecorosa omertà dinanzi a questioni che, con un nostro sano intervento, potrebbero consentire una denuncia sociale, un miglioramento di una data condizione o il salvataggio di una vita d'altri. L'uomo, però, spesso preferisce non implicarsi e, nel canonico dilemma che dovrebbe risolversi spontaneamente tra altruismo istintivo e soggettivismo esasperato, declina la prima possibilità, conservando quello che crede essere il suo decoro.

Se le parole cardine sono allora "rispetto", "preghiera", "speranza", "aiuto", "altruismo" è senz'altro migliore inoltrarsi nel *"tempio"* della natura, vera e sodale compagna dove si compie senza infingimenti e accelerazioni violente il ciclo della vita, tra canti di rinascita, riverberi, elogi al creato e fedeli e nerboruti alberi di quercia. Perché, come osserva la Nostra, *"la giustizia latita,/ diviene utopia/ si spengono/ vite innocenti,/ si accendono/ roghi all'odio"*.

Le poesie della Tombi parlano di natura e di quanto l'uomo sia ottuso nella sua convinzione che non sia possibile colloquiare con essa. Parlano anche di nodi pesanti che la società civile vive e ai quali non sempre risponde in maniera tempestiva e conforme, complice un sistema governativo antiquato, troppo distante dal singolo, dove non di rado si annida la truffa. *"La parola è la mia spada"* afferma la Poetessa in maniera netta, così incisiva da figurarcela dolcemente incantata come una divinità, attorniata dalla *"magia della foresta"*, mentre affabula gli arbusti che la circondano e cercano abbeveraggio nella sua voce, elisir sonoro che dà loro protezione dal rabbioso mondo di fuori.

Piero Talevi (Novilara di Pesaro, 1946) ha studiato Teologia e Filosofia presso l'Università Teologica San Bonaventura e si è laureato in Scienze Religiose all'Università di Urbino. Per la poesia ha pubblicato *Arriverò in cielo da quella parte di azzurro* (2004), *Profumo di verbena* (2009) e *Le Ninfe del Metauro* (Conte Camillo, 2017). È noto come il "poeta del Metauro" per il suo grande amore per il summenzionato fiume al quale ha dedicato un considerevole numero di testi poetici. Sul suo ultimo libro ho avuto modo di osservare che il Nostro ha dedicato un intero volume – attentamente diviso al suo interno in sotto-sillogi – al canto meravigliato, di riconoscenza e d'affetto sentito verso il fiume Metauro. Un fiume che in realtà è l'unione di due fiumi che nascono separatamente e che compongono il lemma linguistico che lo definisce, il Meta e l'Auro. […] Talevi parla con le piante, le annusa, ne percepisce i timori, ce le racconta e le fa vivere, umanizza il mondo silvestre e lo rende partecipe nel banchetto della vita. La verbena, che ricorre spesso nelle sue poesie e che era presente nel titolo di un suo precedente libro, sembra essere una confidente della quale il Nostro non può fare a meno, addirittura un'amante silenziosa, compartecipe e ridente del suo amore verso di lei. […] La caratteristica della poesia di Piero Talevi è quella di dare la tonalità e percepire il respiro dell'universo arboricolo come se lui stesso, in una passeggiata a contatto con la natura, si *alberizzasse* divenendo fratello delle piante, tanto da conversare convinto con il pioppo stanco o fare il solletico al muschio.

In *Moldova patria mea* (Conte Camillo, 2017) Talevi ha, invece, raccolto alcune memorie relative a un viaggio in

Moldavia e, in appendice, ha inserito alcuni testi tradotti in rumeno da Claudia Partole.[21]

ALESSANDRA GABBANELLI (Loreto, 1976) vive e lavora a Porto Recanati (MC), si è laureata in Lingue e Letterature Straniere presso l'Università degli Studi di Macerata in letteratura russa con la tesi "La narrativa di Fazil' Iskander". Ama tutto ciò che concerne la natura e gli animali, la letteratura, la musica, in particolare la lirica e quella classica. Ricorre alla poesia per esprimere le sue emozioni. Si occupa anche della stesura di recensioni di libri e di opere liriche all'interno della Associazione Culturale Villa InCanto. La sua poesia dal titolo "Misterica essenza" è stata pubblicata sul blog letterario "Il mondo di Ut"; attualmente sta collaborando con il sito di cultura e attualità "Specchio Magazine" dell'Associazione Culturale Lo Specchio di Recanati (MC). Alcuni suoi componimenti sono presenti nei blog "Nel giardino odoroso" e "Blog Letteratura e Cultura".

La poetica della Gabbanelli si dispiega tra gli arcani di un mondo silvestre, tra i lembi di arbusti sfiorati dalla brezza non distanti dalla costa Adriatica di cui è originaria dove non di rado s'intuisce o si palesa la presenza vivida di curiosi *cucali*, per dirla nel locale vernacolo.[22] Animali che col mare condividono tutto e che sorvolano l'ambiente con perspicacia e orgoglio, sempre circospetti e lesti nello scattare per allontanarsi se indisturbati dall'uomo che si avvicina loro.

---

[21] Il volume si apre con una breve prefazione di Liliana Bec, autrice del romanzo *Miei cari figli vi scrivo*, Einaudi, Torino, 2013.

[22] Tale testo è stato pubblicato su "Blog Letteratura e Cultura" il 31 dicembre 2017 con il titolo "Mi ricordo quand'ero chiarore: la comunione con l'ambiente nella poesia di Alessandra Gabbanelli" disponibile al link: https://blogletteratura.com/2017/10/31/mi-ricordo-quandero-chiarore-la-comunione-con-lambiente-nella-poesia-di-alessandra-gabbanelli/

Quelle della Gabbanelli sono poesie nelle quali il sentimento risulta disciolto nel lucore ambientale, nella natura, locus primigenio di riflessioni e considerazioni intime nonché cornice privilegiata degli istanti da vivere con pienezza. Il sentimento panico, vale a dire di efficace sincretismo con l'elemento agreste nonché di vera e propria diluizione in esso, è evidente: non è solo il titolo della prima lirica ("Panismo") ad anticiparci questa predisposizione della Gabbanelli; ogni singolo verso è un'immersione suadente e pacifica in quel mondo in cui è possibile percepire, nelle fragranze della natura che cresce, "*la voce degli elementi*" e approfondire quell'assenza scostante che è della società liquida e indisturbata refrattaria alla solidarietà con l'elemento naturale. La poetessa, per usare un'immagine da lei impiegata con particolare efficacia, anela a un colloquio corale con l'elemento silvestre, quasi un parlamento di piante, arbusti e fiori che inaugura una loquela fatta di codici misteriosi eppure capaci di trasmettere messaggi.

In mezzo a questa natura che la Nostra osserva con incanto e vicinanza nel suo lento mutamento, affiora anche il ricordo di momenti, di età forse in qualche modo perdute e dunque lontane: natura sorella che sostiene e aiuta a comprendere se stessi, natura alla quale confidare, culla di beatitudine, fonte d'accoglienza e di compiutezza. "*E mi ricordo quand'ero chiarore*", segnala la Nostra, evidenziando come il percorso di conoscenza, riflessione e di comprensione di ciò che accade sia possibile anche per mezzo di quella cornice arboricola che è antro di energie mitiche e inesauribili: "*E mi ricordo di essere vita pulsante*". Scoprirsi viva, essere non solo raziocinante ma entità in continuo movimento, crescita e maturazione, è il bersaglio ultimo di un percorso di auto-riflessione, nell'incanto e nella freschezza della natura selvaggia e innocente, che accoglie i nostri pensieri. Lì prendono forma anche quei *"sogni disgregati"*, quelle proiezioni ardimentose del pensiero, quelle forme della nostra esistenza, ora vorticose ora fosche, che non riusciamo ben a comprendere e a ponderare. Si tratta di ripensamenti, ripiegamenti e, ancor più, di volontà auree che s'imbattono con l'incertezza, la frenesia o semplicemente con l'inatteso venir meno di quelle condizioni che una volta avevano permesso la nascita o l'irruenza del dato esperimento onirico. Quella vita edenica e spensierata, quella volontà di sperare trova felice sbocco in quel desiderio sentito fautore dell'anelito a ricordare l'età che fu.

La Gabbanelli, in maniera non molto diversa dai romantici anglosassoni, si serve degli elementi della natura, non solo per definire un ambiente e per tratteggiarlo con esaustiva visività nonché con pregnanza materica da restituircelo distinguibilissimo, ma per calare l'ampiezza del sentimento interiore, lo scandaglio della sua anima profonda. Ecco allora che essa può essere anche il punto ambito di una ricerca difficoltosa per cercare di esorcizzare una solitudine sofferta, per sopperire a quella mancanza necessitante un dato contesto che permetta una più concreta interiorizzazione dell'accaduto recente. La *"misterica essenza"* ha, dunque, la forma di qualcosa di indicibile, di un sentimento frastagliato, un percorso della coscienza che scende negli anfratti, un'*anabasi* intellettiva nel suo etimo originario (spostamento dalla costa verso l'interno), investigazione che travolge un'entità, un essere con il suo bagaglio di essenze e di memorie. In questo scenario dove gli elementi naturali sembrano essere fari necessari per sviare la burrasca della vita e orizzontarsi nel mare magnum della quotidianità, la Nostra riflette su se stessa, amplia, nel suo privato, il raffronto tra sé e gli altri, tra sé e l'assenza, tra sé e ciò che reputa importante, sia nel presente, che nella rievocazione del già esperito.

La parola cardine de *Le mie emozioni* (Le Mezzelane, 2018)[23], opera prima di **ILARIA ROMITI** (Chiaravalle, 1976) con indubbia sicurezza è *emozione*, termine che sta a intendere un universo prismatico e in sé indicibile che coinvolge una persona nella sua dimensione intima, introspettiva e psicologica capace di produrre un sensibile mutamento attitudinale ed empatico. L'etimologia della parola ci consente, infatti, di parlare di un *moto*, un movimento d'essere e di forma con tutto ciò che esso comporta o produce: l'emozione può essere positiva o negativa, accresciuta o pacata, ma, in effetti, non è mai neutra o monocorde. Difatti in tali situazioni non si produrrebbe un movimento propriamente detto, si produrrebbe una stasi, priva di significato sullo stato conscio, psichico e intellettivo della persona. Emozione, dunque, come scuotimento, quale forza dinamica di una trasposizione di un sentimento: è l'esternazione di un *modo di sentire*. Ciò ha a che vedere – mi sembra palese leggendo il libro – con un animo improntato al desiderio di carpire gli elementi che caratterizzano la bellezza e il senso di completezza nell'abituale percorso della vita.

Le poesie di Ilaria Romiti, dall'impianto costruttivo assai semplice eppure efficaci, si focalizzano su tutti quegli interscambi che si realizzano tra il suo animo e quello di altre entità, siano esse persone nonché elementi che contraddistinguono gli ambienti. Poesia della natura, degli spazi incantanti, dei riverberi di luce, pregna di baci prolungati e di sguardi ricambiati, contornata dalle facili e

---

[23] Tale testo è la prefazione di ILARIA ROMITI, *Le mie emozioni*, Le Mezzelane, Santa Maria Nuova, 2018.

accoglienti presenze che innalzano l'amore, riconoscono la gioia della condivisione e prendono parte all'idillio. Si tratta, infatti, in via generale, di una descrizione attenta alle peculiarità morfologiche, olfattive, cromatiche, cioè strutturali. Gli alberi e i fiori, così come le onde e le stelle, sono entità ritratte in maniera molto concreta e al contempo il linguaggio impiegato è affabile e domestico, facilmente appropriabile, privo di forme retoriche e dense strutture analogiche, metaforiche, meta-poetiche, di rimando o necessitanti una lettura più ampia, a un pluri-livello.

Poesie che guardano e parlano della natura nel suo pullulare, negli arcani dei processi di causa-effetto percepiti e visti con stupore e senso di profondo benessere. Ilaria Romiti affida al verso i sussurri e i bisbigli, le sue parole, così fruibili in maniera sommaria, non di rado si presentano nella forma dell'invocazione estesa all'amante affinché le parli, l'ami, l'abbracci, la sorprenda e così via. C'è spazio anche per il ricordo di momenti vissuti nonché per scenari simil-fatati nei quali la poetessa cerca di ipotizzare la sua possibile esistenza in quel contesto, nei panni di se stessa bambina.

Il linguaggio piano, tendenzialmente invocativo, piuttosto che evocativo com'è spesso prerogativa della poesia atta più a suggerire che a dire, più incline a tacere che a rivelare, consente a Ilaria Romiti di approcciarsi al mondo di fuori, quell'universo che lei è in grado di vedere solo con lenti pregne d'un ottimismo invalicabile, del "*bosco incantato*", del "*cielo striato della sera*", delle "*vellutate ali di farfalle*", dell' "*idilliaco incontro*", etc. Immagini melense eppure pacificanti, così piacevoli e speranzose da incrinare l'ipotetica e fosca propensione utopica. Il linguaggio, come pure la scelta e la resa delle immagini, è parco in termini lessicali e di scelte semantiche e risulta il frutto di una visione incantata – direi quasi mitica – smaliziata, tanto da venir alla mente qualche immagine bucolica e idilliaca di una qualche favola prima che l'irruenza di un avvenimento infausto o l'arrivo dell'antagonista distruggano il clima di magia.

La poetessa, con la semplicità linguistica che le è propria e mediante il pregevole collocamento delle sue emozioni a stretto contatto con l'elemento naturale, marino, ambientale e campestre, si scopre al lettore quale ricercatrice di un senso incontaminato di vivere e approcciarsi alla vita, risalendo alla fonte della genuinità del sentimento: il lettore sembra compiere un miracoloso o difficilmente spiegabile balzo nella sua età andata, quella dell'*infanzia* dove – forse – era ben più facile e intuitivo leggere la bontà del mondo e ad essa rispondere con un sorriso smaliziato: "*Azzurro è il mio cuore/ Quando chiudo gli occhi e/ Inizio a sognare*".

Il minimalismo stilistico della Romiti assieme allo slancio vitalistico, rigenerazionista e panteistico consentono di descriverla come poetessa dell'eterno presente, dell'impeto e dell'euforia, delle emozioni che si vivono (e non delle emozioni vissute), degli istanti che si godono, dove – come spesso avviene nella scrittura dei giovanissimi – non esiste il male e l'insorgenza del dubbio (il tempo che scorre, le difficoltà sociali, l'insicurezza emotiva, etc. etc.) da rendere i suoi versi sospesi, leggiadri e stregati. Come una favola bella, come una narrazione ciclica che mai finisce, come la storia della vita che s'ubriaca di attimi e confessa l'amore e le sue ragioni.

Frequente è la presenza di marine e di ambientazioni dominate dal Monte Conero nella produzione di **ANDREA ANSEVINI** (Ancona, 1979) che ha vissuto fino al 2011 a Offagna, per trasferirsi poi a Polverigi dove tutt'ora vive. Artista a tutto tondo, prevalentemente scrittore con all'attivo vari racconti e romanzi pubblicati tra cui *La porta misteriosa* (autoprodotto, 2015) e *Oltre la porta* (Le Mezzelane, 2017). Nel 2010 ha pubblicato *Poesia nel diario – 50 pensieri nel tempo*; nel corso degli anni ha scritto centinaia di poesie, ad oggi perlopiù inedite. Particolarmente incline anche a interessi in campo musicale dove ha inciso testi, musicato poesie e realizzato video-denuncia su cadenze rap, spesso in collaborazione con la moglie Adele Muscato.

Spostandoci dalla costa all'interno della Regione e seguendo una traiettoria in direzione sud-occidentale lo scenario che si presenta ai nostri occhi, affascinante e al tempo sontuoso, è quello della catena dei Sibillini, una colonna vertebrale al limitare delle regioni dell'Italia centrale. A darcene una piacevole immagine è il poeta **MARCO SQUARCIA** (Amandola, 1987), maggiormente noto per la sua produzione di narrativa per l'infanzia che contempla i libri *L'attimo in più* (Giaconi, 2014) e *Quasi grandi. Novelle dai monti Sibillini all'Adriatico* (Le Mezzelane, 2018). Spesso nel suo poetare viene messo al centro dell'attenzione la riflessione su "chi siamo" che l'autore elabora istituendo metafore che implicano le immagini dello specchio e della maschera e indagano la capacità d'interpretare un ruolo nel quale sapersi riconoscere. Fortemente legato alla sua terra, che spesso figura quale scenario delle sue favole, degna di menzione è la poesia "Amandola mia", in dialetto fermano, scritta l'indomani dello sciame sismico che ha interessato il centro Italia, percepito distintamente anche nel piccolo centro dei Sibillini.

XII
DALLE DEE D'ACQUA AL PANTANO D'INCIVILTÀ: GIORGIA SPURIO[24]

Compiendo una sintesi de *L'orecchio delle dèe* (Macabor, 2017) di Giorgia Spurio (Ascoli Piceno, 1986) potremmo parlare di "miti d'acqua". Il lettore si appresta, infatti, a leggere poesie nelle quali fanno capolino di continuo divinità dell'Antica Grecia che s'identificano, quale *locus* primigenio e caratterizzante, proprio nell'acqua, vale a dire nel mare. Si tratta di oceanine, ninfe, di Poseidone, Medusa e tante altre ancora che l'autrice inserisce nei righi delle sue liriche con una doppia intenzione. Da una parte richiama la classicità e dunque i relativi miti, le narrazioni che Ovidio ci riporta per mezzo delle *Metamorfosi*, di queste entità dalle doti soprannaturali che, poste in condizioni di pericolo, condanna o di morte, adottano o gli viene imposta l'adozione di una forma diversa. Si tratta, dunque, del tema del cambiamento particolarmente caro alla letteratura di ogni tempo, compresa la tradizione religiosa e biblica che fornisce numerosi esempi, spesso in chiave morale, di caratteri che sono portatori di verità, messaggi e forme di salvezza. Per permettere di

---

[24] Questa recensione è stata pubblicata su "Blog Letteratura e Cultura" il 26 Aprile 2017 ed è disponibile al link: https://blogletteratura.com/2017/04/26/lorecchio-delle-dee-di-giorgia-spurio-recensione-di-lorenzo-spurio/

situare bene i riferimenti alle divinità classiche Giorgia Spurio ha dedicato una parte di appendice del volume per raccontare, in forma sintetica, le vicende principali di questi personaggi e i loro destini. Apparato che risulta particolarmente utile per chi non ha fatto studi umanistici di un certo tipo o per chi non li ha molto freschi. L'altra intenzione dell'autrice, con l'utilizzo di questa simbologia mitologica, è finalizzata all'attualizzazione di forme di violenza e di sperequazione sociale che pullulano nella nostra realtà. Vale a dire gli attributi, le vicende caratteristiche, le sorti o le peculiarità di queste divinità (la pietrificazione data dal guardare Medusa, il sacrificio di Andromeda, la voracità di Cariddi) divengono significative e rilevanti nella descrizione di tipi caratteriali, di forme sociali, di complessi attitudinali e sistemi d'approccio nel mondo di oggi.

Il libro non è un innalzamento dell'età classica, piuttosto un sapiente e riuscito sistema di rimando continuo tra l'antichità leggendaria della narrazione mitologica e il mondo concreto della quotidianità. S'instaura una sorta di confronto, che non è un parallelismo, ma che ha più la forma di un raffronto dotto e mirato tra mito e realtà, tra antichità e contemporaneità, tra tragicità (il mito è spesso tragico) e crudeltà (figlia del male d'oggi). Unico denominatore comune sono le ambientazioni che sono quelle marine, dove si compiono condanne, premonizioni, spergiuri, lotte e metamorfosi forzate che in altri termini sono attualizzate al mare nostrum fucina di vittime di migranti che anelano alla libertà e al diritto alla speranza. Il Mediterraneo diviene acqua dei numi tutelari ma anche mezzo di congiunzione tra sponde spaventosamente distanti, disgiunte da recessi profondi e perigliosi.

Giorgia Spurio, com'era avvenuto per le sue precedenti raccolte poetiche, sempre mosse da intenzioni di denuncia sociale e motivate da sdegno e riprovazione verso le politiche comunitarie (*Quando l'Est mi rubò gli occhi* del 2012, *Dove bussa il mare* del 2013 e *Le ninne nanne degli Šar* del 2015) torna con questa raccolta a occuparsi, in chiave forse più ricercata, delle gravose situazioni del mondo dove dominano la sventura e la caduta, la disperazione e il tomento, la lotta e l'odio, nonché il male nella forma della morte violenta. L'attenzione è rivolta in primis all'universo infantile. Da convinta e orgogliosa insegnante, l'autrice è particolarmente attaccata e coinvolta a tutto ciò che ha a che vedere con i bisogni e le problematiche dei meno grandi. Con premura e amore filiale la Nostra sente dentro di sé montare la rabbia per gli accadimenti infausti che più recentemente hanno campeggiato sulle pagine della cronaca internazionale: l'annosa questione dei barconi fagocitati nel Mediterraneo (di cui percepiamo indirettamente anche un richiamo alla disattenzione pubblica e al pervasivo menefreghismo dell'Europa che tanto discute e poco agisce); Giorgia ci parla di "*fantasmi imprigionati/ nei relitti affondati*".

La poetessa allude ai bombardamenti in Siria con particolare attenzione all'attacco aereo a Manbij con un vasto numero di morti civili, tra cui bambini. La sofferenza per le morti degli infanti viene trasmessa per mezzo delle urla delle madri, che intuiamo essere sgraziate e senza fine. Un dolore titanico che spezza famiglie, annulla il ciclo della vita, stronca ciascuna speranza: "*ha solo un aspetto, il potere:/ che ha l'odore di una lacrima*". Si parla di bambini morti e di donne che cessano di colpo di essere madri, ma anche di orfani, di bambini che, come nella più atroce fiaba, perdono il calore e la sicurezza dei genitori dovendo affrontare, soli, tutte le battaglie che la vita gli porrà innanzi.

Nonostante la trattazione di simili tematiche, sebbene non vengano mai sviscerate in maniera palese, il linguaggio adoperato non è mai acuminato e graffiante, tendente a svelare un mondo in disfacimento dove l'aguzzino è sempre pronto a sottomettere la sua vittima. Giorgia Spurio utilizza un verso tendenzialmente breve e piano, pulito e chiaro, con una predilezione verso le immagini nitidi e rivelatrici delle azioni umane, avendo compiuto la saggia scelta di non insozzare di sangue e metallo il candore di versi che hanno il richiamo del mito. Non ci si pone – neppure lontanamente, né con intenti polemici – la questione del motivo del male, delle ragioni della violenza né c'è intenzione di localizzare, in maniera più o meno chiara, i fautori delle sciagure. *L'orecchio delle dèe* esprime il punto di vista di Giorgia Spurio, indagatrice attenta delle indicibili sofferenze umane in un'età in cui gli accadimenti più spregevoli e luttuosi non risparmiano neppure i bambini. Risulta doveroso ricordare allora anche il recente bombardamento con armi chimiche (fosforo bianco) avvenuto in Siria, nella provincia di Idlib, ad aprile di quest'anno, che ha portato alla morte per inalazione di sostanze altamente tossiche di decine di ragazzi.

La tradizione popolare ci ha consegnato le favole quali narrazioni di intrattenimento non fine a se stesso, ma spesso volto a enucleare un intendimento morale, studiato poi anche in termini pedagogici. Pur avendo molti elementi che rendono questi testi adatti per i giovanissimi (la presenza spesso di animali parlanti, la centralità di un personaggio che si batte per la giustizia inseguendo le leggi del suo cuore, le finalità ludiche e morali) essi non mancano di essere assai violenti. Si pensi, solo per fare alcuni esempi, all'abbandono di Pollicino e dei suoi fratelli ad opera dei genitori che, a causa di problemi economici, decidono di lasciarli in balia di se stessi nel bosco similmente a quanto avviene ad Hansel e Gretel; la perfidia delle due sorellastre verso la sventurata Cenerentola e la Sirenetta che, per amare il suo uomo, acquista una pozione con la quale la sua pinna si trasforma in gambe umane, ma in cambio le viene tolto il canto con il taglio della lingua.

Ecco allora che nella poesia "La Balena Bianca di nessun romanzo" Giorgia Spurio ci fornisce una risposta dinanzi all'impiego di questo genere che, come riassunto, ha i sui pro e contro, mettendoci al corrente del rifiuto del finale della narrazione: *"Ogni notte le madri rimboccavano le coperte/ ai figli, piccoli, senza raccontare la fine/ di quelle leggende/ mai che la morte potesse toccare i loro visi/ Mai"*. Dinanzi a una società che si è omologata al male e che non è neppure in grado di preservare le nuove generazioni è meglio impiegare la più semplice mistificazione: non è possibile narrare di morte in un mondo dove essa è già all'ordine del giorno. La cronaca che si sostituisce alla favola. Il mondo spensierato e ludico che viene sopraffatto dalla nefandezza delle azioni umane che hanno amplificazione dappertutto.

C'è un'ultima importante sezione nel libro che ha il titolo di "Resurrezioni" e che vuole permettere un respiro diverso, fomentare una possibilità di redenzione e di ravvedimento da parte dell'uomo che possa redimerlo e condurlo a una dimensione di quiete sociale. Non si tratta, a mio avviso, di un comparto scontato o forzato, questo, piuttosto, necessario se davvero è nostra intenzione accettare l'idea che al male possa opporsi il bene, evitando la facile rassegnazione o, ancor peggio, la mera indifferenza. Ecco allora che quel processo mimetico e metamorfico che l'autrice aveva impiegato con riferimento alle divinità dell'antica Grecia e alle loro non felici storie ritorna qui, nelle poesie più marcatamente pregne di vita reale, di disagio sociale, d'impellente trattazione. La poesia "Boccioli" canta l'avanzata di una primavera solidale e allargata, il rifiorire del buono come pure la giusta preservazione dell'istituto dell'infanzia. Questa poesia ha il tono di un testo tra il liturgico e il salmodico, l'idea di un mondo di pace non ha la forma illusoria di un'ipotetica utopia ma della saggia convinzione, di un rinnovamento salvifico pronosticabile e raggiungibile. Da un mondo di polvere e urla, di case abbattute e dove la luna, unica regina del cielo ha deciso di rimettere il suo diadema regale e caracollare a terra come tutti gli uomini, Giorgia Spurio traccia il presagio del bene: i bambini ritorneranno ad abbracciare le proprie madri, i demoni diventeranno angeli, la luce riaffiorerà e anche la luna, dimentica del suo passato inglorioso e della sua abdicazione, tornerà indomita e lucente a regnare nei cieli in ogni angolo del pianeta.

XIII
CIÒ CHE RESTA DEL MIGRANTE:
FABIO GRIMALDI

Il tempo è un'ombra allucinata.

Fabio Grimaldi (Macerata, 1968) per la poesia ha pubblicato *Il vero della vita* (Nuova Compagnia Editrice, 1989 - con una lettera di Mario Luzi), *Via Dolorosa Via Gloriosa. XIV Segni sulla Passione di Gesù*, (Edizioni del Leone, 2008 - prefazione di Paolo Ruffilli), *Più angeli in terra che in cielo* (LietoColle, 2014), *Mi chiamo Barbone* (LietoColle, 2015), *Colline di rugiada* (La Rondinella Pellegrina, 2016), *Gazzella. Canto infranto di un migrante* (LietoColle, 2017 – nota di Vittorio Nardoni), *L'ape e la rosa* (Raffaelli Editore, 2018 - nota di Giampiero Neri). È presente nelle antologie *La poesia delle Marche. Il Novecento* (Il Lavoro Editoriale, 1999, a cura di Guido Garufi), *Convivio in versi* (PoetiKanten, 2016, a cura di Lorenzo Spurio), *Il fiore della poesia italiana. I Contemporanei* (puntoacapo, 2016, a cura di Mauro Ferrari) e altre.

Il recente libro del poeta Fabio Grimaldi prende il titolo di un testo sgualcito e sbavato ritrovato nelle tasche di un qualche migrante, "Gazzella", segno vivido di una possibilità di evadere dal pressante e demotivato presente.[25] Eppure

---

[25] Il testo che segue è la recensione al libro Gazzella che è stata pubblicata su "Blog Letteratura e Cultura" il 1 ottobre 2017 e disponibile al link:

105

rimane traccia di quell'esperienza, di quell'accaduto, di quell'atto creativo: Grimaldi riporta la scansione di quel testo nato in francese nelle ultime pagine del volume. Sorta di testamento ultimo di un volo verso la speranza, di una possibilità di credere in un mondo fratello.

La gazzella, per antonomasia e nel nostro immaginario comune, è uno degli animali più agili e veloci ed è significativo che un ragazzo che aspirasse alla libertà e a un mondo migliore abbia dedicato un testo attorno all'immagine di questo animale. Metafora di una voglia pressante di partire e di lasciare la propria terra, una fuga tumultuosa verso una meta agognata, percorso azzerato velocemente da grandi falcate che fagocitano il terreno e riducono gli spazi. Eppure ciò non è accaduto né accade ai tanti migranti che, speranzosi di poter toccare la riva di un altro paese, hanno drammaticamente perso la vita nel periglioso tragitto.

Fabio Grimaldi dedica a loro questo lavoro poetico tutto incentrato sul dramma dei moderni migranti. Ne traccia l'intero percorso, dal difficile e accaldato[26] spostamento dai rispettivi luoghi d'appartenenza sino alla costa dove, in un imprecisato lido, è organizzato dagli scafisti criminali un porto-fantoccio dal quale partono imbarcazioni precarie, palesemente sfatte e prossime al decadimento. Da lì, tra minacce e violenze verbali e d'altro tipo, il povero migrante si stacca definitivamente dalla terra madre e, pur sottoposto a denigrazioni nonché alle spaventose avversità del mare, sembra in un qualche modo proiettarsi già verso un cammino di felicità: *"Sorrisi serrati/ da labbra tumefatte,/*

---

https://blogletteratura.com/2017/10/01/gazzella-di-fabio-grimaldi-recensione-di-lorenzo-spurio/

[26] *"Il deserto beve/ il corpo e la mente/ di ogni essere vivente"*.

rifioriscono alla vista del mare.// Ah, la parola mare!/ Un miraggio!/ Ma non finisce qui il viaggio!".

La traversata in mare corrisponde a un periodo sospeso in cui l'uomo viaggia nelle avversità, finanche a braccetto con la violenza e la morte: coloro che muoiono vengono ben presto gettati in mare con la stessa semplicità della quale gettiamo via un abito rotto. Lo strozzino, dopo aver guadagnato abbondantemente per quella traghettata infame, li ferisce e li comanda a suo piacimento: "*Non dovete fiatare/ o vi butto in mare!*" anticipando la fine che molti, vuoi per le intemperie climatiche, vuoi per l'usura dell'imbarcazione, si appresteranno a fare. Lo scafista-demonio lascia, circa a metà dell'avventata navigazione, la scapestrata imbarcazione temendo un arresto nel paese in cui approderà. La ciurma dei disperati è allo sbaraglio: se da una parte può trovare una leggera quiete dovuta all'assenza del criminale che li batteva o uccideva, dall'altra è orfana di un guida che possa traghettarli verso la terraferma. Si crea subbuglio e caos, non di rado tafferugli e violenze che esplodono tra gruppi interni o tra una e più persone.

Accade spesso che il barcone, nella lotta impari con le onde, s'incrini, si ribalti, imbarchi acqua e ben presto sprofondi nelle avverse acque.[27] Neppure i salvagente, già usati in precedenti deliri di spostamento, sono utili: essi sono per lo più rotti, inservibili e dunque vani.

Inizia così la lotta col mare. L'uomo che tenta di salvarsi dalle fredde acque in quel mare esteso, senza traccia d'aiuto se non un compatimento pressoché falso e tardivo che non è in grado di sciacquare il dolore.

Negli sparuti casi in cui la deriva o l'inabissamento dia possibilità agli sciagurati di salvarsi (quando il barcone, non

---

[27] Grimaldi definisce il mare "*una bara*" e le acque e le sue profondità "*loculi marini*".

più molto distante dalla costa viene avvistato e segnalato agli enti competenti) si mettono in marcia quella serie di operazioni tese a limitare i danni. Il salvataggio dei migranti, che tendono le loro mani e s'aggrappano, si stringono e reclamano quelle dei soccorritori, sono immagini che tutti abbiamo bene configurate nella nostra mente perché viste e replicate indicibili volte. In questa fase in cui gli uomini vivono galleggianti sul vasto mare è come se acquisissero le peculiarità delle creature acquatiche: l'uomo è sardina, poi è un tonno come quando Grimaldi *"racconta di migranti/ finiti con i barconi/ contro le gabbie per la pesca dei tonni,/ quelli che sono riusciti a salvarsi/ aggrappandosi alle reti,/ vengono ricordati come "gli uomini tonno"...".*

Chi si salva ed entra in terra occidentale, non direttamente avrà una vita felice e realizzata come quella che anelava anzi, più spesso, non l'avrà mai. Grimaldi, con la sua poesia sintetica dal tono serafico e impietoso traccia in maniera assai visiva le varie e tribolate fasi del percorso di questi derelitti continuamente soggiogati dal potere degli altri, usati e mossi come pedine in un gioco da tavola. Fuggono dalla dittatura e, per farlo, sono costretti ad affidarsi a un demonio in terra, un torturatore, che permette loro – a condizioni inenarrabili – di farli fuggire da quel mondo di sevizie e povertà. Arrivati all'altra sponda trovano un'accoglienza frugale a cui fa seguito una blanda considerazione degli enti amministrativi, indifferenza della gente, pregiudizio ed emarginazione che li ghettizza e li allontana ulteriormente da quel senso civico di cui la loro grande fame che li ha spinti a evadere.

Siamo consci che il fenomeno dell'immigrazione sia complesso da trattare perché non dovrebbe esulare di prendere in considerazione l'altra metà della realtà che esso pone, quale ad esempio il tema della difficile integrazione, del fanatismo religioso che non di rado si presenta, l'arroganza e la non civile disciplina finanche gli episodi di criminalità diffusa che, secondo molti, sarebbero da ascrivere o comunque da legare a un'eccessiva immigrazione. Grimaldi non tocca tale argomento e si pone, con rispetto e vivida forza immedesimativa, nella realtà difficile di questi poveri Cristi, sbandati e derelitti, in fuga e abbandonati, che vivono nel tormento della nostalgia nonché di una dilaniante situazione psicologica e di frantumazione identitaria.

Le varie parti che compongono la silloge portano titoli apparentemente curiosi dove vengono richiamati degli animali che, invece, in maniera quanto mai concreta descrivono sinteticamente i vari stadi, le varie fasi metamorfiche dei migranti nel loro lungo e fosco percorso. Questa catalogazione è assai significativa: si passa da animali piccoli descritti rinchiusi in un contesto stagnante e invivibile ad animali di più grande taglia sottolineando – come nel caso delle pecore marchiate – il difficile e mai completo raggiungimento della libertà.

Ciò che mancava clamorosamente nel paese nativo (democrazia, libertà, sicurezza, speranza e futuro) manca, in effetti, anche nei paesi in cui si è attraccato anche se viene dato da credere che così non sia. Paesi che formalmente dichiarano la loro democrazia e uguaglianza dinanzi ai cittadini finendo, non di rado, per mostrarsi insensibili, sprezzanti e chiusi nei confronti di reali esigenze sociali.

Gazzella di Fabio Grimaldi non è un canto disperato e struggente come recentemente molta poesia è in relazione a dinamiche etico-civili, collegate o non con il dramma dell'immigrazione, ma un canto fine sulla vicenda esistenziale del migrante: uomo dello spazio, costretto ad abitare mondi incivili che lo espungono di continuo. Esistenze che perdono il legame con la terra e difficilmente ne instaurano uno nuovo nel contenitore geografico dove sono costretti a restare. Il poeta maceratese mostra rispetto verso una materia oggetto di una disputa continua nell'opinione pubblica e centrale all'interno del divaricante sistema ideologico e politico che dà più o meno importanza al tema, riconoscendo talora comprensione, tal altra armandosi di tabù e di forti negazionismi, connivente la grande madre Europa che preferisce attribuire fondi per l'assistenza che proporre una soluzione praticabile e migliore.

La confessione-proclama all'apertura del libro in cui un genitore – intuiamo ormai anziano – incita il figlio a lasciare quella terra, quella valle delle lacrime, per trovare significato altrove e realizzarsi, si chiude con un imperativo laconico "*Vattene da qui!*" che poi non è nient'altro che l'atteggiamento con cui l'europeo finirà per accoglierlo.

Con garbo autentico e profonda sensibilità verso la materia, Grimaldi evoca problematiche assai ampie interconnesse col fenomeno da lui indagato da dentro, addirittura introiettato, quello dell' "*infanzi[a] violat[a]*" e quello dell'approdo in un *non luogo* vissuto dagli oriundi come fastidioso e motivo di allarme sociale, ben riassunti nella perifrasi del "*convulso dramma della ragione*", locuzione che sottolinea come il dramma sia insito in un "sonno" della coscienza che, come nell'opera di Francisco Goya, è così potente da generare mostri.

In tale contesto vorrei anche far riferimento alla poetessa **LORENZA ZAMPA** (Chiaravalle, 1988) per richiamare una sua recente poesia che risulta essere cruciale per il tema dell'immigrazione, vera piaga sociale, ormai alla deriva e spesso fautrice di problemi ben più ampi, altrettanto difficili da arginare.

La poetessa si è laureata in Storia dell'Arte all'università di Firenze. Per la poesia ha pubblicato *L'evidenza arresa* (L'Autore Libri Firenze, 2011), alcuni suoi componimenti sono apparsi nelle antologie di alcuni concorsi e nell'antologia *Convivio in versi. Mappatura della poesia marchigiana* (PoetiKanten, 2016). Collabora con la rivista di arte contemporanea "XIBT Contemporary Art Magazine".

La poesia, dal titolo "Esule, quand'è che nascerai"? (inedita) si presenta in maniera non dissimile da molti altri testi poetici della Nostra che esordiscono, nel titolo, con domande difficili e insondabili, ben al di là della retorica, forse più inclini al far sorgere una sorta di condanna in ciascuno di noi. La lirica si attesta, nel tono, su di un vagare mesto e derelitto dove le compresenze del languido, della pena e del dolore – mai esaltato – compattano il testo tripartito con versi di lunghezza diversa. Il sostrato della lirica è quello di un mare assassino che ammazza alla spicciolata chi, con avventatezza e nessun'altra alternativa, lo solca in vista della sponda opposta. In questo *"disumano vagare"* è già insita la natura infausta della finitudine dalla nostra pronosticata nella *"aspettativa convertita in tragedia"*. Versi come pugnali questi: è come se dicesse "si aspetta di morire". In questo scenario dove esistono fazioni, razze, destini diversi e *"la cattiveria che vedi"* nascono e prosperano il disprezzo e il pregiudizio: *"finisci sempre per diventare/ quello che di te ci abituiamo a credere"*, scrive la Nostra. L'altro non è definito mediante tratti che tracciano la sua alterità ma mediante i caratteri di diversità figurati e fabbricati dall'uomo.

XIV
LA PELLE NON DIMENTICA: RITA ANGELELLI E L'IMPEGNO CONTRO LA VIOLENZA DI GENERE

Rita Angelelli (Santa Maria Nuova, 1963) è nata e vive nel paese delle "mezzelane"[28]. Questo curioso termine, che sta a significare una particolarissima lavorazione di tessuti di questo territorio, è stato scelto dall'autrice nel 2016 quale nome dell'attività editoriale che brevemente è nata sviluppandosi ampiamente in varie collane, tutte con un nutrito numero di pubblicazioni. Citare Rita Angelelli è doveroso perché è una donna di cultura a 360° occupandosi giorno e notte di letteratura, poesia ed editoria. Al fianco dell'attività di pubblicazione che conduce con profitto e con inopinabile capacità organizzativa, la Angelelli è anche scrittrice e poetessa. Quale scrittrice si è occupata prevalentemente di narrazioni con sfondo e tematica erotica (si veda, ad esempio, *Le nuove confessioni di Eva* pubblicato nel

---

[28] Si tratta – come riportato nella sezione "Chi siamo" dell'omonima casa editrice – di un "tipo particolare di tessuto […] misto di lana e di tessuti più ruvidi, che ottenne nell'800 la concessione di un marchio di qualità da parte del governo pontificio. Tale produzione vide un gran boom nel dopoguerra [e] terminò […] dopo la metà del '900". Tali indicazioni risultano essere tratte dal sito "La terra dei castelli"; per una più approfondita trattazione sulle "mezzelane" e la loro tradizione si consiglia il volume COSTANTINO URIELI, *Collina: il paese delle mezzelane*, UTJ, Jesi, 1979.

corso del 2017, primo volume di un progetto pensato come trilogia) e noir. In campo poetico è particolarmente fertile, sebbene abbia all'attivo due sillogi (*Ceramiche a capodanno*, 2016 e *Un'altra vita*, 2018), spaziando tra tematiche varie e vaste, dal ricordo, agli affetti, dalla natura ai dilemmi esistenziali, sino a problematiche diffuse all'ordine del giorno che minano ciò che dovrebbe essere il sentimento di stabilità collettivo. In tale ottica nel 2016 la poetessa ha dato alle stampe la silloge *Ceramiche a capodanno* contenente la prefazione della nota Michela Zanarella e una mia nota di lettura posta in appendice.

In quell'occasione avevo osservato la completa congruità e l'evidente necessità di un testo come il suo in una letteratura che, se da un lato si occupava e si occupa di tematiche come il femminicidio e la violenza di genere per usare una terminologia più allargata, spesso lo fa in maniera pregiudiziale, viziata nonché approssimativa, faziosa, tendente ad accentuare dinamiche dimenticando di far parlare i protagonisti delle truci vicende all'ordine del giorno. Difatti in un percorso tra versi intimi e meditazioni più riflessive con le quali Rita Angelelli affronta il tema della violenza di genere, il libro fornisce un'adeguata rappresentazione di quanto la cronaca trasmette: minacce fisiche e verbali, stalking, soggiogamenti e persecuzioni, stupri, tentati o riusciti assassini.

Sembra opportuno non obliare neppure in questa lista di procedimenti lesivi verso l'altro il *vitriolage*, ben più nota come aggressione con l'acido: ricorderemo, perché la stampa tanto ne ha parlato e perché l'opinione pubblica si è mossa con sdegno e forte denuncia, i casi dell'avvocatessa Lucia Annibali di Pesaro ma anche dell'ex modella Gessica Notaro di Rimini. Forma d'inaudita violenza non solo per il concreto impatto con la sostanza liquida che scioglie i tessuti, provoca bruciatura e dolore ma per le massicce ripercussioni psicologiche: lo sfiguramento, non crea solo una semplice confusione nel riconoscersi ma si configura come marchio indelebile della violenza subita che tale rimarrà.

Nelle asfissianti dimore domestiche di coppie ormai disgregatesi e dove fa capolino la follia, il raptus incontrollabile, l'adozione di una giustizia personale, cambiano frequentemente le modalità con le quali l'azione gravosa e sconsiderata viene commessa, anche se, stando ai dati delle sconsolanti statistiche, le armi da taglio sembrano ancora avere il predominio. Cambiano i contesti, i rapporti intra-personali, i climi che s'instaurano, le personalità degli individui e i loro temperamenti, nonché le condizioni socio-economiche[29] e, ancora, i nomi delle vittime che inconsapevoli o meno vengono sottratte alla vita. Con un metro poetico equilibrato ricco di anafore e tautologie, la Angelelli parla di storie vissute dagli altri (dovremmo dire 'subìte'), di vicende amare, di sopruso e dolore, di emarginazione e di sadica prevaricazione.

Quando l'amore si palesa come ossessione, vale a dire quando è patente che la mano prima delicata e amorosa diventa violenta e pronta a brandire un'arma, si genera una rottura. Cade quel mondo di pace interiore vissuto o creduto tale, si sgretola l'armonia e la simbiosi della coppia in quell'ambiente-casa prima edenico e culla di sogni. Il

---

[29] Il sociologo francese Emile Durkheim nel suo studio, definizione e caratterizzazione del fenomeno del suicidio, di cui fu uno dei primissimi a scrivere, definì una categoria di uccidersi quale suicidio anomico a voler intendere quegli episodi in cui l'individuo si toglie la vita a seguito delle influenze, delle inquietudini, della depressione che può nascere a seguito di determinati eventi sociali, quali una crisi economica, o, ad esempio, una sconfitta militare, un licenziamento dal posto lavorativo, etc. Anche negli omicidi l'elemento sociale, diremmo socio-economico, assieme al fattore culturale, possono rappresentare delle con-cause, nonché delle ragioni o dei motivi trainanti e cruciali nell'adozione dell'estremo gesto.

mutamento in violenza, l'arroganza e la sperequazione adoperata quale sistema di dominio e sudditanza è il segno evidente che si è giunti all'apice di una situazione intricata e nociva, ingovernabile e spesso irreversibile.

Il desiderio cogente di Rita Angelelli è mosso dalla lodevole iniziativa di proporre un'analisi su una realtà fastidiosa che è oggetto di cronaca, di notizie stampate, di notiziari e discussioni televisive e che lei pone quale elemento d'approfondimento in termini poetici. Brani che perdono la liricità propriamente intesa ma che guadagnano sull'incidenza sociale mediante un pacato rimbrotto verso egoismi e ipocrisie diffuse. Poesia attuale e nevralgica mossa da intenti etico-civili e di condanna che rimesta nell'animo sottaciuto di una donna che ha impersonificato il tormento e il disagio con un procedimento affiatato di mimesi restituendo solidarietà e compartecipazione a un dramma vivido. Momenti che la poetessa richiama quali *"crocevia/ [...] pericolos[i] della vita"*, punti snodali nei quale sarebbe – forse – possibile assumersi la responsabilità di scelta ma che, nella sopraffazione psicologica e nell'abuso intellettivo, non riesce ad esser percorsa.

La lirica che fornisce il titolo all'intera silloge consegna al lettore una realtà dove il dolore è posto nei suoi termini estremi essendosi radicalizzato e fatto come un monolite. Il processo di rottura (psicologica, fisica, morale) del quale si parlava poc'anzi, in questa lirica viene strutturato in maniera materica e molto palpabile nei termini della rottura (non più metaforica) della bambola. L'effetto prodotto da una simile azione lesiva, distruttiva e annichilente, è quello di consegnarci una persona lacerata e distrutta, dissociata, persa e frantumata. La bambola fa pensare direttamente alla Lolita giovane e avvenente, sfruttata sessualmente dell'omonimo romanzo di Vladimir Nabokov nonché alla sprovveduta

Nora in *Casa di bambola*, il dramma borghese del norvegese Hernik Ibsen in cui la donna, descritta prima come piccolo pennuto poi è di fatto una bambola e in quanto tale è utilizzata ad uso e consumo del marito che la domina e usufruisce sessualmente di lei.[30] Ancora, viene a mente la bambola del celebre testo di Patty Pravo che, sballottata, presa e allontanata dall'eterno amante, risoluta, reclama pace e maggiore rispetto assumendosi il diritto di decidere per il suo bene: "*Da stasera la mia vita/ nelle mani di un ragazzo no/ non la metterò più*". Non si tratta, richiamando tale celebre testo di banalizzare l'oggetto di approfondimento del tema della silloge di Rita Angelelli e trovo che simili riferimenti possano essere sostenuti. La bambola[31] della Angelelli, però, non è capace – per i motivi sopradetti – di decidere da sé, di svincolarsi dall'aguzzino e risalire la china. I suoi "cocci" non sono solo le concrete partizioni di un essere donna che viene meno, che è stato sopraffatto e dilaniato dal potere di una mente malata, ma è anche la spoliazione dell'identità, oramai svilita e persa.

---

[30] La critica sull'opera ibseniana – con particolare riferimento agli studi di Roberto Alonge – ha messo in luce l'idea che Nora possa aver subito uno o più rapporti sessuali con il padre figurando così come personaggio incestuoso; incesto che nel teatro di Ibsen spesso fuoriesce come reminiscenza o possibilità all'interno di un dialogico pressante che riguarda le vicende del tempo della storia. È una realtà possibile, un'allusione che contiene concretezza e che potrebbe spiegare, in questo caso e in altre sue opere, la propensione della donna all'assoggettamento e la tendenza frequente a matrimoni con uomini ben più grandi in termini di età.

[31] Vorrei anche porre l'attenzione sull'alone di mistero e inquietudine che la bambola, soprattutto quella di ceramica, con il viso ben dipinto con gli occhi fissi a guardare inquisitoriamente verso l'anonimo interlocutore, porta con sé. La sua presenza è conturbante e minacciosa ed è spesso rappresentata in scenari gotici e degni della tradizione noir; nella filmografia horror è notorio il format della bambola assassina o della porcellana animata perché azionata meccanicamente o posseduta o dotata di vita propria, con istinti sadici e omicidi.

La Angelelli ha recentemente pubblicato una sorta di consuntivo poetico dal titolo *Un'altra vita* (2018) testo con il quale scopre la sua più intima personalità tra momenti di difficoltà familiare, dolore, malattia finanche ragionamenti sul senso dell'esistere, sulla difficoltà di identificarsi nell'identità con la quale gli altri ci conoscono, sul tempo. Così scrive in una lirica *"Eppure non è sempre così semplice avere un sonno senza sogni"*. Il presente della poetessa è rappresentato – appunto – da un'altra vita, diversa e lontana da quella che è stato il passato, più o meno recente, nel quale il dolore, la solitudine e la depressione (*"sono troppo piena di nulla"*) hanno fatto da padrona.

La tematica della violenza sulla donna è stata ampiamente tratta negli ultimi tempi, com'è il caso della poesia "Sbocciata" di **RENATA MORBIDELLI** (Ancona, 1972) dalla quale, nel fosco di uno scenario di violenza, promana nella chiusa un messaggio di lieve speranza che fa seguito a una rinata autostima: *"Ora non ho più paura/ di venire calpestata/ né dagli insulti/ né dalle opinioni./ Ora la mia anima è libera"*.

Rita Angelelli nel corso del 2016 ha dato vita al concorso di poesia e racconti brevi "La pelle non dimentica" incentrato proprio sul tema della violenza sulla donna di cui sono state edite le relative raccolte antologiche. Nel duro testo di condanna nei confronti del barbaro atteggiamento umano, dal quale è partito questo progetto,[32] ha scritto: *"Le cicatrici ora sono piccoli segni, non si vedono più come un tempo, ma i ricordi sono molti di più della mia stessa pelle. Corro dietro alla memoria, rifletto [...] eppure voglio dimenticare e desidero un abbraccio che non mi tocchi. [...] Ho provato a perdonarti, ma la mia pelle non l'ha fatto e continua a suggerirmi sempre che è troppo tardi. [...] Il*

---

[32] Il testo completo può essere letto online a questo indirizzo: https://lapellenondimentica.wordpress.com/la-pelle-non-dimentica-di-rita-angelelli/

dolore delle ginocchia rotte, dei polsi tagliati, degli occhi tumefatti, dello zigomo rigonfio. Svaniranno".

Pubblicazioni come queste, com'è ovvio, non servono a risolvere il problema che è endemico e apparentemente inarrestabile ma permettono, comunque d'indagare in maniera inedita il problema, di documentarlo e renderlo oggetto di disanima e considerazione anche in ambienti non direttamente deputati alla sua considerazione. Chi scrive di determinate tematiche e chi, per qualsiasi ragione, è portato a leggere poesie d'altri che in qualche modo nascono e si concretizzano attorno a varietà episodiche dove l'esistenza è offesa, intuitivamente prendono parte a un ipotetico convegno di coscienziazione sulle date realtà. Per dirla alla Gozzano ci si interessa di quell'universo che non è altro "*una cosa tutta piena di quei 'cosi/ con due gambe' che fanno tanto pena*".[33] Svincolando il mero crepuscolarismo di cui Gozzano fu esponente di riferimento, trattando le poesie di questo concorso di stralci di vissuto, d'inadeguatezza sociale e di fughe da un domestico affossato e invivibile – possiamo però chiederci perché l'uomo è una "cosa" che "fa tanto paura". L'impossibilità di comprendere l'uomo nella sua totalità, la mancata confessione e il dialogo che diviene mezzo di impostura, l'imprevedibilità delle azioni e la suscettibilità di un intelletto compromesso possono avere senz'altro peso nei termini di vedere nell'uomo non solo qualcosa che è dotato spesso di bestialità e va contro se stesso (regredendo allo stato barbarico) ma addirittura nell'indefinibile situazione di uno scollamento dal reale che lo fa precipitare in un raptus che incrina la normalità e fa di colpo sospendere – come un blackout fulminante – il sistema logico dell'uomo.

---

[33] Guido Gozzano, "Signorina Felicita" in *I colloqui*.

Le poesie che prendono parte a tale progetto non sono di contenuto semplice, non appartengono a un fare poetico che ha una predilezione per la natura, la mielosità del vivere, lo sdolcinamento delle situazioni di ogni tipo, l'innalzamento della rilassatezza e della pace, l'invocazione dei buoni sentimenti né tratteggiano l'amore e le sue idilliache forme. Sono poesie materiche, fatte di carne e ossa, quando non di sangue. Fatte di lame di metallo e di cazzotti, di piatti spezzati, fiori calpestati, di moquette dove il viso spesso viene trattenuto a forza da un piede infido. Sono poesie d'interni, di cucine dove la luce del giorno sembra non arrivare mai e di corridoi troppo spessi da far sentire un groppo in gola. Sono storie di vita, vissute, direttamente o trasfigurate ma, ad ogni modo, imbevute di un alto tasso di veridicità, se non addirittura biografia in versi.

E.L. Masters nella monumentale opera epitaffiologica scrisse che "*Un uomo non può mai vendicarsi di quell'orco mostruoso che è la vita*". L'impegno dell'uomo contemporaneo, sensibile al sociale e comunque amante del riconoscimento del diritto, deve essere quello di smontare – in qualsiasi modo – una simile considerazione. Se la vita è un orco mostruoso (e può esserlo per innumerevoli ragioni), in nessun modo la persona deve acconsentire a forme di sottomissione, violenza, tortura e di svilimento di sé.

La letteratura che, proprio come il cinema, dà forma a ciò che di reale accade, ha il compito arguto e morale – come in questo caso – di assumersi impegni propri, come quello della denuncia del male. Se il trauma sperimentato non darà occasione alla persona di riacquisire una condizione di felicità, se non altro sarà fuoriuscita con dignità dall'inferno in terra. Tale mondo infido e virulento esiste ben più di ciò che crediamo (ci informano le statistiche) ed è così spregevole per il fatto che s'ammanta di falsa ordinarietà di un vissuto che non accetta le violenze, eppure le giustifica e le copre. Affinché ciò non avvenga, la parola torni a essere vessillo comunicativo, emblema di un confronto e forma di intermediazione nella sua dimensione sana e responsabile perché – com'è noto – chi commette il Male nei confronti degli altri, lo fa prima contro di sé. Nient'altro fa meglio il caso di alcuni versi di un intellettuale letto poco – e spesso male –, che è Brecht, che in una delle sue incisive liriche così scrisse: "*Contro i deboli e i reietti non scagliate l'anatema/ fu grave il suo peccato, ma grande la sua pena*".[34] A evidenza di una pena così esorbitante l'anatema, però, ha d'esserci per denunciare il maltolto: la felicità di essere al mondo.

---

[34] Bertolt Brecht, "Della infanticida Maria Ferrar"

XV
ASMAE DACHAN, TRA POESIA DELL'ESILIO E BATTAGLIA UMANITARIA

Asmae Dachan (Ancona, 1976), di origini siriane, per la poesia ha pubblicato *Tu, Siria* (Communication Project, 2013 – a quattro mani con Yara Al Zaitr), *Noura* (Blu di Prussia, 2016). Numerosi suoi testi figurano in antologie poetiche tra cui *Il rifugio dell'aria* (Progetto Cultura, 2010), *Sotto il cielo di Lampedusa – Annegati dal respingimento* (Rayuela, 2013), *Convivio in versi* (PoetiKanten, 2016). Per la narrativa ha pubblicato *Dal quaderno blu* (Libertà Edizioni, 2009) e *Il silenzio del mare* (Castelvecchi, 2017). Tutta l'attività letteraria di Asmae Dachan ruota attorno alle tristi vicende della Siria di cui è figlia. Nel 2012 si è laureata all'università degli studi di Urbino "Carlo Bo" in Editoria, Informazione e sistemi documentaristici con una tesi dal titolo "Siria: regime, informazione e cambiamento". Nello stesso anno ha contribuito a fondare l'Associazione umanitaria ONSUR (Campagna mondiale di sostegno al popolo siriano) all'interno della quale è responsabile all'informazione. Da allora il suo amore nativo e il suo impegno sono orientati verso un unico interesse: parlare della realtà siriana. Lo fa per mezzo dei suoi articoli, documentari e interviste (è corrispondete della Sira per Radio DirittoZero), conferenze, incontri tematici, momenti di approfondimento che la vedono quale relatrice nonché per mezzo della sua produzione, tanto poetica che narrativa.

Ho avuto il piacere di conoscerla nel maggio del 2014 nell'occasione di un evento multidisciplinare intitolato "I nuovi schiavi. Poesia, parole e musica di liberazione" dedicato ai migranti co-organizzato a Bologna assieme al poeta Bartolomeo Bellanova nel quale espose, con un tono pacato e una notevole proprietà comunicativa, la situazione socio-politica della Siria dominata da *"corpi che vagano/ di silenzi pieni d'oblio/ di sangue che scorre goccia a goccia/ di battiti immobili/ di rivoli di sudore tra la polvere/ di lamenti di corvo"*. Da allora ho avuto l'onore e il piacere di ritrovarla in vari eventi nei quali i suoi interventi mirati ed esaustivi hanno sempre riscosso interesse e permesso di ampliare la conoscenza su una realtà geopolitica che, erroneamente, crediamo a noi tanto distante.

In *Tu, Siria* la poetessa ha riportato con evidenti intenti documentaristici una dolorosissima testimonianza di una madre di Idlib datata 20 agosto 2013: *[La mia bambina] se ne è andata con gli occhi aperti: due piccoli fari che ora non brilleranno più. Sono rimasta a guardarla per ore, stringendola tra le mie braccia, pregando che cadesse un'altra bomba per morire con lei. Hanno portato via la mia anima e adesso sono un corpo vuoto. Un genitore non deve sopravvivere ad un figlio. Adesso la sogno mentre suona per gli angeli"*.

Le poesie di Asmae Dachan si contraddistinguono per avere toni forti, per il loro alto contenuto di sofferenza; esse trasmettono la disperazione, la derelizione dell'uomo, l'angoscia. In questi componimenti non si chiama mai in causa direttamente i fautori del male, non si nomina il dittatore e non si delinea – con intenzione – chi sta dalla parte contraria del popolo, chi la guerra la comanda, la gestisce. Da queste poesie promana, però, anche un canto alla vita, un monito teso verso un possibile miglioramento, affinché ci si avveda delle spietate decisioni di alcuni e ci si convinca che, ricchi o poveri, sostenitori o dissidenti di un'idea, tutti abbiamo diritto alla vita.[35] Da attenta giornalista la poetessa si cala nelle più nere pagine della nostra cronaca; versi nei quali si fluidifica un dilemma tortuoso che vede l'uomo indifeso e incompreso dinanzi ai meccanismi del mondo, disattenti nei suoi riguardi. Ciò che distintamente logora è il distruttivo silenzio che stagna sulle macerie e la disperazione di chi, pur avendo perso casa e parenti, spera in un domani migliore.

Noura (2017), l'esigua silloge che si apre con una poesia di Patrizia Garofalo, è dedicata alla sorella dell'autrice (di cui, appunto, porta il titolo) prematuramente scomparsa nell'ottobre del 2014 non ancora quarantenne. Le poesie che compongono la plaquette sono tutte incentrate sul dolce ricordo della sorella, del suo impegno sociale e sui dolorosi momenti che hanno fatto seguito al suo decesso. Poesie nelle quali Asmae, con il canonico lieve tenore che le è proprio, sussurra versi in commiato verso la sorella e la sua patria identificate in un unicum concreto nell'immagine della terra nella poesia "Una manciata di terra". Versi che, pur con difficoltà per la nuova realtà configuratasi, rintracciano le pieghe di una vita spensierata ed energica di Noura e che Asmae tratteggia con rispetto ed incanto: "*Ho scritto il tuo nome tra le foglie/ […]/ Ho cercato tra i fiori il fiore più bello,/ e ti ho trovato nel volo di una farfalla*". Sono, questi, canti dell'assenza ("*e tu sei qui, ma non ci sei*"), riflessioni che l'io lirico sviluppa in un'età che la vede priva di una persona cara. Il contesto di riflessioni e di lucida mestizia è contenuto

---

[35] Anche le poesie che compongono la silloge *Noura* (2017) dedicate alla giovane sorella deceduta all'improvviso nel 2014 non è possibile parlare di poesia incline al funereo, alla cupa mestizia, alla depressione, alla struggente e inconsolabile deificazione del lutto: "*Nessun lugubre lamento/ ma una poesia eterna/ d'amore e di vita*".

in quei vasti *"mari di solitudini e ricordi/ dove anime in pena vagano"*. Assenza che la poetessa sperimenta nei termini di una lontananza geografica e dunque fisica (*"Ho cercato di avvicinarmi/ ma un fiume di tempo e spazio/ ci tiene lontane"*) che non ha nessuna facoltà di lenire il ricordo, di ottundere i momenti felici, di obliare un'età pregna di normalità. Se l'assenza – e dunque il silenzio e la non-presenza – si configurano nell'immagine infinita e conturbante del mare, il mancato contatto è solo la distanza che intercorre tra due punti di un fiume, pure lungo e invalicabile. Ma prima che quel fiume esondi in un mare da rendersi indistinguibile l'acqua ribolle, scava, leviga e fluisce vigorosa, agendo fisicamente nell'interiorità: *"Il male che rallenta il mio cuore/ si chiama nostalgia"*.

XVI
Il sembiante della parola evocativa in Valtero Curzi

Valtero Curzi (Senigallia, 1957) poeta, scrittore e filosofo. Laureato in Filosofia, è anche critico d'arte essendosi occupato di varie mostre e libri d'artista. S'interessa d'arte per il legame che la unisce alla filosofia, nell'analisi interpretativa sul concetto nelle forme espressive, soprattutto a quelle d'arte concettuale. Per la poesia ha pubblicato le sillogi *Universo di Emozioni* (Grafiche Agostinelli, 2007), *Il tempo del vivere è mutevole* (TraccePerLaMeta, 2017) e Poetando d'amore (Le Mezzelane, 2018) per la narrativa un romanzo epistolare: *Sotto il cielo turchino di Bayan Olgii* (Nabilafluxus, 2013) e il simpatico diario speculativo *Detti memorabili, pensieri e riflessioni dell'Omino delle foglie sulla Via del Tao* (Le Mezzelane, 2017). In qualità di saggista ha dato alle stampe il volume *Il giovane imperatore* (Intermedia, 2018) incentrato sull'approfondimento della figura di Napoleone a cavallo tra tradizione e innovazione, nel contesto di cerniera dello *Sturm und drag*.

L'autore-filosofo con le sue poesie e ragionamenti, anche in prosa, è capace di farci riflettere. La sua competenza più grande è forse quella di saper *de-codificare materialità astratte* e concetti in sé vaghi e impalpabili. L'analisi che compie, vagliata dal suo "io" critico è notevole ed evidenzia una grande e riuscita capacità di *interrelazione* tra lui e la sua coscienza. Sono ragionamenti che, se da una parte possono avere qualcosa di ovvio e lapalissiamo, dall'altro lato mostrano un'inedita propensione di *scomporre il reale*, d'interrogarlo nelle sue parti minime. La filosofia, che è la principale nutrice delle sue pagine, spesso è chiamata in causa, applicata in maniera congrua nel mondo della materialità, nonché ribaltata o messa in causa. L'occhio indagatore e sezionatore del Nostro è particolarmente attratto dai *circuiti della mente* e come essi possano relazionarsi con la forma "di movimento" che è il *sentimento*. Sarebbe riduttivo, allora, parlare di poesia introspettiva perché in effetti Curzi compie un percorso ben più ampio, su binari invisibili, che lo traghetta in stanze dell'inconscio, in ambiti gnoseologici dove il dilemma principale rimane legato ai mezzi per auscultare se stessi.

Il percorso proposto in *Il tempo del vivere è mutevole* (2017) è organizzato in vari stati emotivi, emozionali e forme logiche o modi per appropriarsi del mondo, esso mi è parso molto congruo e ben riuscito. Facilita anche la possibile disposizione delle idee nell'interlocutore che è il lettore, limitatamente ai tanti concetti che vengono lambiti: l'essere, il tempo, la consunzione e tanto altro ancora. Si percepisce nettamente questa filosofia olistica o, comunque, aperta e possibilista che rifugge ingabbiamenti di sorta e produce invece un percorso libero, fondato su una salda razionalità che, quasi paradossalmente, di continuo viene come messa sotto accusa, ribaltata, affrontata secondo altre lenti.

Le liriche dedicate all'amato padre, alla sua non-presenza, al ricordo vivido e irruente, rappresentano brani di un'intensità incommensurabile. Versi nei quali la nostalgia e il ricordo, la solitudine e l'incomprensione si pesano parola dopo parola; le immagini sono solo fittizie rappresentazioni di un carico di desolazione e felice memoria di un tempo appartenente a una realtà diversa dall'immanente. Il poeta, con una forza espressiva indubitabile, confessa l'amore per quei tempi e rintraccia il desiderio, negli *istanti del "guardare"* in cui la presenza complice del padre, pur nel silenzio, era motivo di completezza e concordia emotiva. In esse si palesa un innalzamento potente del sentire, sono versi che tendono a concepire una dimensione d'assenza riducendo le immagini concrete del vissuto al fine di guadagnare un pacifico ricongiungimento, una sorta di concordia interiore che è necessario ritrovare. Poesie nelle quali, come dovrebbe essere nella Vera poesia, risulta difficile, direi impossibile e incluso insensato, separare il vissuto dal mero atto creativo. Quando il verso è scandaglio e radiografia di una linearità esistenziale, nei suoi scavi e punti di arresto, la forza sensoriale, l'immedesimazione e il dolore sono talmente vigorosi che il lettore sente quasi partecipazione vera a un lutto sofferente.

XVII
AL POETA DELLE *VARIE FORME D'ARIA*. LETTERA AD ALESSANDRO CENTINARO

Jesi, 1 Giugno 2017

Caro Alessandro,

mi permetto di abbandonare forme di deferenza e di affidarmi al "tu", soprattutto perché la poesia non conosce gerarchie: ci fa, noi tutti poeti, fratelli e amici.

Ho tardato a scriverti in merito alla tua ultima raccolta, *Varia materia dell'aria* (Librati, 2017), perché, dopo averla letta una primissima volta durante uno dei miei spostamenti in treno, mi è sembrato giusto e opportuno lasciarla lì, sulla scrivania – pur chiusa – quasi come una forma di rispetto o contemplazione, non saprei dire. La prima volta che mi tuffai nella lettura – sebbene sia ardito dire che la lettura sia un tuffo, quanto piuttosto un affondo non visto a cui segue sempre un galleggiamento continuo – mi colpirono alcune immagini pulsanti da te adoperate a rendere visivamente in maniera molto concreta vari contenuti.

Non ti nego che altre liriche le trovai, invece, piuttosto complicate, non tanto nella costruzione dei significati ma proprio nel mio tentativo di provare a delineare dei piani di voci, vale a dire di rapporti intellettivi tra la materia poetica e l'atto poetico in se stesso. Trovo pure remore a esprimere questa mia leggera difficoltà incontrata nel calarmi propriamente all'interno del tessuto connettivo, poematico nonché interstiziale dei vari componimenti che danno forma unica al testo. C'è – mi pare di capire – un taciuto tra le varie poesie che scalpita per venir fuori eppure la maestria del tuo verso, del tuo destreggiarti con le parole, che sono solo una veste dei sentimenti, non gli consente completamente di esprimersi nella forma più sgargiante e indignata. Ciò è meritevole di menzione senz'altro poiché, diversamente, le poesie avrebbero avuto un andamento parenetico, come un ululato continuo, assordante al punto di non permettere al lettore di accomiatarsi dai tuoi righi e rifletterne.

Per queste ragioni e anche per il fatto ben più ovvio che un'analisi esaustiva dà spesso il testimone a una forma di sodalizio empatico o da audience spettatrice nel lettore, il tuo libro ha richiesto un'ulteriore lettura che – devo confessarlo – non so se abbia chiarito le mie vaghe impressioni della prima ora o se, piuttosto, le abbia calcificate al punto da frantumarsi all'improvviso ingarbugliandomi ancora un po'.

Confido nella tua clemenza chiedendoti di scusarmi per essere così sibillino nel renderti noto, con tanta semplicità, il rapporto che si è instaurato tra me e il tuo libro ma credo che io debba partire da qui per poter cercare di raccogliere alcune idee nelle quali, forse, troverai del sensato o, per lo meno, di attinente al tuo nuovo lavoro. Ho preferito proprio il mezzo della lettera per scriverti, piuttosto che approssimarmi a una recensione, come spesso sono solito fare ai libri degli amici, dei conoscenti o di chi ha la deliziosa premura di inviarmeli. Credo che mi permetta di argomentare meglio il mio pensiero, di dar un maggior sfogo alle questioni che hanno occupato la mia mente leggendo il tuo volume e una volta completato.

Delle varie note critiche iniziali di dotti e insigni esponenti del nostro panorama culturale ho ben gradito e condiviso le parole di Paolo Ruffilli che, in termini quanto mai azzeccati e sintetici, parla di "radiografia sorprendente di una condizione esistenziale complessa" e di Marco Fazzini che, invece, pone l'accento sulla questione dell'isolamento e della sofferenza vissuta quotidianamente nella forma delle "assenze". Basterebbero, infatti, questi due riferimenti per indicare in maniera sommaria il tracciato che compi con la tua nuova opera, frutto di un itinerario esistenziale sofferto, inquieto e portato all'interrogazione continua, all'investigazione del dilemma e all'evocazione del dubbio.

Non mi pare in alcun modo azzardato evidenziare che il noto critico letterario anconetano Carlo Antognini, di cui quest'anno si celebrano i quarant'anni dalla morte, nel tentativo ardito (eppure riuscito) di delineare l'atteggiamento poetico del marchigiano nel periodo a lui coevo avesse parlato proprio di questa pronunciata tendenza all'interrogazione, vale a dire un approccio spesso vago e indefinibile perché assediato dal dilemma o dall'aporia, infilzato da un tormento alimentato da una saggia elucubrazione. Un'interrogazione che non ha la volontà di fornire risposte né tanto meno di vagheggiarle, piuttosto di accennare ragionamenti, pur in svolgimento e non sempre lineari e in sé completamente riscontrabili. La tua poesia è densa di domande, di moniti alla richiesta, di esortazioni e inviti, di appelli, di messaggi gettati che richiedono aiuto, di motivi di reclamo, di suppliche e di accoglimenti, non di rado si percepisce un influsso anche della tradizione cattolica.

Nella tua nota introduttiva, che considero un vero e proprio atto d'amore verso la poesia, parli di questo linguaggio poetico quale forma e struttura, quale anima della "malattia dell'inadeguatezza". Malattia che è la vita personale, morbo che affligge la vita quotidiana che, nella sua derelizione e scoramento, sembra in qualche modo infetta, deturpata, messa a serio rischio, continuamente minacciata, ostacolata e de-naturalizzata. Seppure la poesia possa avere una funzione terapeutica – come spesso viene detto semplicisticamente senza parlare poi dei rimedi effettivi di questa terapia – io non credo che essa abbia il potere salvifico di annullare *in toto* le asprezze della vita, né di permettere una vera rinascita. Da canto dell'anima essa ci aiuta e ci sostiene, ci ascolta e ci chiama, addirittura "ci tocca" (come ebbe a dire Neruda) ma non è la vittoria alata, non è l'Araba Fenice, la vedo più come un'eterna compagna, una sodale confidente, una sostenitrice. Per tali ragioni io credo che i drammi esistenziali non sempre possano prestarsi a essere edulcorati attraverso la poesia che, invece, ha la sola forza di aprire il nostro cuore e lasciarci liberi di esprimere. Mi trovo perfettamente d'accordo quando sostieni, dunque, che non tutto è esprimibile in poesia. Questo perché un segno grafico su un foglio o un verso intuitivo e ripetuto oralmente, per quanto possa concentrare in sé la magmatica forza e virulenza di momenti vissuti – tanto in bene, quanto in male –, non sarà mai capace di eguagliarlo né di farlo rivivere. Ci troviamo dinanzi a una questione annosa che pone il dilemma o il confronto tra vita e letteratura, qui diremmo tra anima e poesia, investigato da tantissimi scrittori tra cui Calvino, Sciascia e così via, ciascuno a suo modo. L'inesprimibile e l'inespresso, il taciuto e il recondito, che ha la forma di un'assenza o di una velatura diviene nella tua poesia concetto intransigente a strutture versificatorie eppure vibrante e rimarchevole. Questo non significa che il tuo poetare abbia a che vedere con tendenze riduttiviste, il cui modello è quello della limitazione quantica del vocabolo atto a fornire un testo enigmatico, smunto o addirittura ermetico, dove il significato viene innalzato ai sacri altari che, però, il lettore deve scoprire da sé; difatti nella tua poetica in non-detto, che si penserebbe collocare ai margini, in una posizione residuale, ha vita propria: si percepisce che il tormento esistenziale, le tragedie della vita, le insostituibili mancanze costituiscono un lastricato che percorri di continuo, nel quale ti muovi in più direzioni pur rimanendo in questa traiettoria tua, intima, diaristica, psicologica e di affettiva rimembranza. Ci ritrovo anche una mia personale consonanza in questo recondito sviluppo di un linguaggio che, da tracciato vissuto, si cerca di rendere sulla carta, finendo per vergare dettagli e situazioni lasciando fuori, nell'ombra, al di là del testo, il vero senso, le motivazioni che l'hanno animato, le ragioni profonde della consapevolezza del poeta che s'appresta a fare i conti con il suo mondo. Riecheggiano i versi del grande T.S. Eliot che, pure, citi e che ne *La terra desolata*, eccettuate le ragioni e il contesto storico-politico in cui venne scritto, condivide questa filosofia esistenzialista, del frammento, atta a svelare un vuoto interiore la cui depressione è insostenibile moralmente e inarginabile nel concreto.

Mi hanno molto colpito in particolare le poesie contenute nella sezione d'apertura, raccolte sotto il titolo di "Il figlio nato, il figlio migrato" che si ricollegano, per contenuto alla difficile e dolorosa materia oggetto centrale del tuo romanzo edito da Fazi.[36] La centralità della lirica "Canto del figlio" è da credere imprescindibile non solo nel volume in oggetto, ma nella tua intera letteratura. Si ritrova, sull'onda di quella tendenza all'interrogazione unita alla volontà di squarciare il mistero, un andamento inquisitorio privo di un destinatario

---

[36] ALESSANDRO CENTINARO, *Il ragazzo che volò dal ponte*, Fazi, Roma, 2013.

dove la vaghezza e il tormento per una assenza dolorosa portano l'io lirico a vedere, come in un fotogramma unico, passato e presente. Si sottolineano, così, gli elementi d'assenza, vale a dire ciò che manca di quel mondo un tempo consuetudinario e dato per scontato e si realizza in questo carme desolato, dove il dolore è contrastato nell'*explicit* in forma di speranza[37], l'inscindibilità della morte dal tempo presente. Morte fisica che immancabilmente porta con sé una morte intima, non appariscente, nutrita all'interno di un petto dove il dolore non ha tregua.

Tu mostri di aver fatto tua la lezione della nullità del tempo vale a dire dell'insensatezza della divisione data dagli uomini: quando un futuro sembra ammorbato da ciò che nel passato è accaduto, allora il presente sembra liquefarsi e prendere forma, rimandare ad acque passate, defluite e perse, che ritornano vive nella memoria. Il tempo presente è quello dell'attesa[38] e della sospensione, pertanto dell'annullamento e del non-tempo; il futuro è quel presente che si allunga e si protende, privo di avvisaglie o di vigilie di gaudio: "*Ora la cosa che duole è il pensiero/ di questo tempo che non vuol finire*". Anch'esso ha una patina di tormento addosso e non c'è verso per tirargliela via. In quel presente fa capolino l'immagine stinta e insicura, il fantasma, l'idea del presente che appare e scompare, ritorna e illude, rasserena e rifugge ("*per un attimo è vero/ che Giorgio d'un tratto ritorna...*"). Non l'illusione, non l'allucinazione visiva ma uno sfilaccio di ricordo, un rapporto voluto e al contempo tormentato con il mondo d'assenza. Nei fugaci ritorni in cui lo senti più vicino da percepirlo a te circostante ecco allora che la ricerca si fa impetuosa per afferrarlo a salde mani, per stringerlo, per

---

[37] "*Qualcosa dice che non è finita*" in "È fiorito a gennaio il tuo ciliegio".

[38] "*Dal vero ora attendo soltanto un tuo segno/ fra le vele d'azzurro d'un sogno*" in "Dove tu sei".

sconfiggere l'aria che poi lo fagocita restituendoti il sacro nulla. Lui non è che se ne vada e ritorni perché in fondo è onnipresente e scrutante la tua vita, lì al limitare delle tue presenze più ovvie o difficili, in abiti che il cielo ha voluto d'aria dotati di pizzi trasparenti, con nodi di vetro. Egli appare non visto nelle *"plurime forme"* che tu, però, percepisci.

Nel volume segue un comparto di liriche più colorate dove sono il sentimento d'empatia e il fascino verso la natura a dominare. In "Paesaggi di terre e d'anime", come in una poetica di stampo romantico, l'universo emozionale sperimentato dal Nostro viene trasmesso per mezzo dei geroglifici che spiegano e trascrivono la natura come avviene in compagnia dei ciliegi selvatici. Nell'immersione panteistica il sentimento preponderante di solitudine che contraddistingue la tua intera cifra poetica si amplifica in concomitanza alla tua presenza in uno dei luoghi più spettacolari della nostra Regione, le vette della Laga, dove esso si fa *"abissale"*, totale, impossibile da sostenere.

In queste liriche, che presentano una costruzione ambientale più accurata e definita, viene a rimarcarsi la polarità di presenza/assenza, di acqua/sterilità; in "Mirage d'un faune" ti riferisci, infatti, a una sorta di visione annebbiata dove è la secchezza del deserto a prefigurarsi come ambiente nel quale si anela *"a un miraggio delle acque a occidente"*. Ricca e complessa la simbologia e la semantica legata al mondo delle acque a partire dai testi religiosi e, ancora una volta, evidente il rimando allo scenario apocalittico e insalubre descritto da T.S. Eliot, di un mondo alle prese con l'inizio della sua fine.[39]

---

[39] Nella poesia "Mal d'Africa" ritorna il tema della siccità vissuta come notevole disagio per l'uomo: *"Africa dai molti fiumi, ma senz'acqua fresca o pura"*, metafora di una terra derelitta abbandonata a se stessa dove il germoglio è bandito e la terra, dura come roccia, si spezza ma non è nutriente o sostrato alla vita, che lì latita al punto tale da essere completamente assente.

Ci sono le acque non palesate del Tronto che scorrono sotto i ponti all'ingresso della città del travertino di cui sei figlio, quelle di Treviso e ancora quelle chiuse del Lago Averno, contenitore di *"un'acqua ferma e scura/ [che] annega la mia sorte"* configurandosi come uno spazio indefinito, un "abisso liquido", un precipizio senza limite dove è facile perdersi o riconoscersi perduti, sinonimo di un antro complicato della psiche dove i risvolti dell'esistenza confluiscono attorno a un periplo vertiginoso, incalzato da acque non più amiche e i pensieri affondano per rifluire, forse, in quel vortice di dubbio che attanaglia il rimestare delle idee, le velleità di annullare l'assenza.

Ecco che l'anelito del discioglimento e la liquefazione del corpo divengono motivi pregevoli per approcciare a una fuga che si rende necessaria e che reclama un adempimento volitivo dai tratti salvifici: *"Vorrei, per una notte almeno,/ sciogliermi in fluttuo, onda e corrente,/ anima liquida farmi del tuo fiume, fluire dai monti inavvertito"*.

Non mi pare assolutamente un caso — come mai dovrebbe essere nel sentimento autentico del sentire poetico — che, eccettuata la poesia finale nella quale hai saputo amalgamare citazioni e riferimenti a un gran numero di intellettuali mondiali, il volume si chiuda con la breve poesia "Acqua" a significare, forse, in termini velatamente ecumenici e di risalita, una volontà di indirizzarsi verso una possibile rinascita, poiché l'acqua è della sostanza dell'acqua ed essa resta tale: la successione di vita-morte-rinascita si compie attraverso un ciclo che non è quello della materialità in forma di polvere che tale è, si forma, si distrugge e si ricrea, ma proprio per mezzo di un procedimento equoreo che si perpetua e rinnova descrivendo traiettorie nella loro completa circumnavigazione finché un atto germinativo o di utopica filiazione, pur nel rimestare dolente del pensiero, trova compimento.

Ho molto riflettuto, caro Alessandro, sul significato che hai voluto attribuire a quella "tragica liquida natura". Ho pensato che in questa definizione in sé indipendente e determinata tu volessi riferirti al mistero della vita inteso in senso generale e, al contempo, particolare, evidenziando in questa stesura dell'esserci la dimensione più marcatamente infelice, dettata dalla tragedia. Ho percorso con te, nei limiti del possibile, i gorghi e le lievi onde delle acque che hai voluto narrarci, ne ho sentito la freschezza e la compresenza nei pensieri spesso arditi e dolenti ma ancor più, in questo dominio d'acqua, finisce per prevaricare il suo negativo: la siccità, l'aridità, la secchezza, la sete. Niente a che vedere con il periodo infausto di navigazione che Coleridge ci narra nella celebre ballata, segno distintivo di un marchio per l'infamia commessa. Nel tuo percorso l'assenza d'acqua, dunque di vita, si palesa in quella desolazione interiore, più o meno accentuata nel corso delle liriche, per la quale cerchi volitivamente un appiglio concreto e, forse, una spiegazione a ciò che, per sua natura, è tortuoso e abissale.

Apprezzo, di questa esperienza letteraria, il modo in cui mi hai permesso di concepirla: la *"varia materia dell'aria"* mi conduce a pensare alla sua forma nebulosa e all'acqua che, in sospensione, si vaporizza, a un vibrante eppur dignitoso richiamo. Nel canto d'assenza che l'acqua non colma, rifulge il tepore di un tempo trascorso, ormai ingabbiato da una patina dura, che non permette l'osmosi.

Lorenzo Spurio

XVIII
L'ADDIO LENTO AGLI *ANNI DELL'INCANTO*: RITA MARCHEGIANI[40]

Rita Marchegiani (Montecassiano, 1959) si è laureata in Medicina e Chirurgia e svolge la professione di medico. Ha pubblicato i libri di poesia *I colori della vita* (APE, 1983), *La stagione dei desideri* (APE, 1998), *Madeleine* (APE, 2004) e *Gli anni dell'incanto* (APE, 2017). È redattrice della testata libera di informazione «Ftnews» nella quale scrive per l'angolo del poeta. Ha ricevuto numerosi riconoscimenti per la poesia e la narrativa in vari concorsi letterari.

Il suo recente libro, *Gli anni dell'incanto*, è dedicato ai ricordi di un'età passata eppure ancora così presenti e vividi nel presente della Nostra: l'esile raccolta poetica è una summa di episodi che, pur nella loro ritualità, hanno rappresentato inscindibili momenti che hanno scritto la vicenda umana della poetessa. Si riflette su ciò che è passato e su ciò che il tempo ha tramutato. La resa finale non è negativa seppur gravata da densa malinconia e da strali di una sofferenza lucida. Rincorrono le immagini pluri-semantiche del silenzio, dell'incanto perduto, della lontananza e del sentire l'assenza.

---

[40] Questo testo è stato esposto oralmente durante la presentazione del libro *Gli anni dell'incanto* (2017) che si è tenuta il 28 Ottobre 2017 presso il Palazzo dei Priori (Comune) di Montecassiano (MC).

Ella parla di un tempo che è andato, di un passato personale e familiare, inoculando nel presente alcuni episodi in particolare, ricordi, immagini, reminiscenze e momenti di vita con membri della famiglia che se ne sono poi andati. Tutto ciò che la poetessa riconosce e riprende da quel passato nel quale è cresciuta e che l'ha vista diventare donna si colloca in uno spazio mentale, dunque irraggiungibile se non con il trasporto della memoria, che ha ben definito *Gli anni dell'incanto*. Momenti indelebili dei quali la poetessa cura il ricordo, ai quali è particolarmente legata e affezionata. C'è un prima e un dopo, un momento descritto come "incanto" e una fase ad esso successiva che, se non è propriamente definibile come "dis-incanto" si caratterizza senz'altro per una lontananza fisica, temporale, emotiva da quel sentimento di pienezza salutare, di levità, di completamento, di concordia emotiva, rilassamento e di amore concreto, vissuto e ricambiato.

L'incanto è per sua natura una condizione di sospensione o assopimento durante la quale le vicende accadono ma non vengono sperimentate da chi le subisce in maniera razionale o secondo modelli ordinari. Nelle narrazioni per l'infanzia l'elemento dell'incanto, spesso presente, si carica di un fascino fiabesco dove l'irrazionalità lascia il posto a un felice capovolgimento del realistico in chiave, però, positiva, edenica o misteriosa. Non mi sembra una casualità che l'esergo del volume sia affidato a una riflessione della stessa autrice in cui chiama in causa la fiaba di Hansel e Gretel dei fratelli Grimm nella quale fisicamente si lascia tracce durante il percorso per marcarlo e al contempo per avere la possibilità di retrocedere in forma guidata. Le narrazioni incantate sono calate in un mondo dolce e in-conoscibile in cui chi lo vive è come assopito, non molto padrone del suo sistema comportamentale e intellettivo, dominato più dallo sciame misterioso e piacevole degli eventi e dal suo contesto che non dalla sua espressa e identitaria volontà. La sua etimologia vede il termine derivare dal latino dove aveva quale significati: 1) il cantare in versi (Carmen); 2) il vaticinare, predire, preannunciare. Testi letti, cantati o recitati solitamente dal chiaro messaggio divinatorio. In senso allargato, chi "incanta" ha un potere stregante, affabulatorio, seducente, attrattivo, sbalorditivo, allettante, etc. Ricordiamo la vicenda de *La bella addormentata* di Charles Perrault che, punta da un fuso maligno, cade in un profondo sonno fino a che il Principe non riesce a risvegliarla. Il momento che segna l'inizio del sonno prolungato della protagonista, che durerà cento anni, la introduce in un tempo irreale, sospeso, incantato, in cui magicamente tutti i suoi istinti vitali cessano senza che ella muoia per un tempo che è stato deciso precedentemente con una magia negativa. La bella addormentata è tale perché incantata, come se si fosse di colpo calcificata, pur continuando a vivere. Rita Marchegiani, pur non descrivendo nulla di fiabesco e di ultraterreno, parla di un'età felice e scanzonata rievocando momenti con il padre, con il suo cane e con altre presenze amorevoli che hanno determinato e impresso giornate ormai lontane.

Si percepisce, nel recupero di questi filamenti di vita vissuta, un tono nostalgico ma mai abbattuto: il senso di desolazione e la sofferenza mitigatasi forse col passare degli anni, le hanno concesso di approdare a una sofferenza lucida, a un'elaborazione saggia delle perdite. Sono realtà che, se non si possono rivivere e far ritornare palpabili, dimorano nell'anima della Nostra arricchendola di contenuti e definendola in senso umano e identitario. Il rapporto con ciò che non si vede né si conosce è sempre problematico ma l'autrice non si pone direttamente la complicata e insondabile questione dell'aldilà né ne tenta una possibile interpretazione. Sa che esso esiste.

C'è anche il tema dell'inesorabilità del tempo che produce consunzione, metamorfosi, invecchiamento ma che permette anche sviluppo e maturazione ed è visto dalla poetessa con criticità e distanza focalizzandosi sempre sulla doppia polarità del tempo incantato (passato) e del tempo segnato dall'assenza e dominato dalla malinconia (presente). Numerosi sono i riferimenti a immagini descritte nel loro stadio 'sbiadito', 'sfocato' con questa impossibilità di messa a fuoco chiara e definita.

Le tematiche che si legano a questa impostazione di fondo dell'intera opera sono varie, la maggior parte delle quali imperniate sulla ricerca pedissequa e continua di ciò che manca. Poesia dell'assenza e del ricordo. L'assenza che, paradossalmente, è il denominatore comune dell'intero libro, è assai presente e radicata, totalizzante e rumorosa. Si parla di vuoto, mancanza, carenza, penuria, di ciò che difetta, perché finito, tramontato, non più appartenente al qui ed ora.

Gli anni dell'incanto sono quelli "*degli amori smisurati*" e degli "*anni splendidi e fluenti di risate*" di quando, per usare un verso molto potente ed efficace, "*era distante la realtà*", quella realtà concreta e ineludibile che porta a "*schiant[arsi] dentro la vita*", quasi a intromettercisi, a insinuarcisi con forza.

E poi il silenzio, che è sempre una forma d'assenza. È un mancare uditivo, una stasi comunicativa che può farsi pesante da sostenere. Rappresenta anche un'incapacità o impossibilità comunicativa per il fatto che si è fisicamente distanti o, ancor più, appartenere a piani esistenziali diversi: quello terreno e quello ultra-terreno. In tali casi è una corrispondenza che sembrerebbe univoca, vale a dire non contraddistinta dalle battute dell'interlocutore, ma a livello introspettivo, nello scandaglio esistenziale essa è comunque presente sebbene non in termini di perifrasi vocali, ma di rimandi, riflessioni, sistemi evocativi, linguaggi inespressi, concordanze, e tanto altro che necessita una predisposizione pacata e solistica (il senso nella totalità).

'Congedo' e 'addio' sono espressioni che definiscono quello che potremmo chiamare l'incipit della lontananza, vale a dire rappresentano delle zone liminari il cui confine taglia di netto un prima, dominato dalla presenza e dalla pacifica e felice coralità, al dopo che s'impernia su ciò che manca. L'addio, quale forma rituale di passaggio (di estremo passaggio) sancisce la dipartita fisica dal mondo terrestre, l'inizio di un viaggio che non si conosce che ci situerà, per la prima volta, veramente distanti dal nostro caro. Quello del congedo è un tempo strano: il caro è fisicamente con noi, sebbene non abbia più la capacità di interagire con noi e al contempo appartiene a un'altra dimensione che a noi sfugge. Si apre così l'indeterminabilmente lungo tempo dell'attesa che è in sé infinita ma nella quale ci è consentito di elaborare la dolorosa assenza. Preghiere, canti, poesie, riflessioni, immagini servono per percepire la persona che "più-non-ritorna" maggiormente vicina, delineandone ancor meglio quei tratti che via via si sono sfocati. Il tempo dell'attesa, che a sua volta è un non-tempo, è nutrito dalla fede nel ricordo e dalla necessaria ricerca di sé.

Centralità tematica è costituita dall'elemento residuale: ciò che resta di una vita. Che forma hanno i ricordi, quale contenitore può essere così abile e capace nel mantenere fragrante e incorruttibile il passato, le nostre tante identità dei momenti vissuti? Questo abbraccia tutti i vari riferimenti a ciò che è presente nell'animo della poetessa che appartiene al passato e che lì vive grazie alla sua volontà, al suo attaccamento, alla sua potente azione di introiezione e di vivificazione degli attimi, come quando, con il desiderio di ottenere un bel fuoco che duri a lungo, ci si adopera coscienziosamente ad alimentare la fiamma. Il fatto che "rimanga", come residuo (testimonianza, insegnamento, ricordo, aneddoto, episodio, etc.) qualcosa non è un atto involontario e automatico ma esige compartecipazione e volontà diretta da parte della persona. Non possiamo ricordare con precisione e con amore (incanto) date realtà passate se esse non hanno effettivamente significato degli attimi eccezionali, degli appuntamenti emozionanti, che hanno avuto particolare presa su di noi non permettendoci di slegarci da essi. Ciò pone la difficile trattazione del tema del ricordo perché è intriso di emozioni palpitanti ed energiche (sia in bene che in male) che, anche se lo volessimo, non riusciremmo a dimenticare. Il ricordo ha una sua genesi e storia e si accresce con lo sviluppo nel tempo tanto da non poterci permettere un'azione negazionista di annullamento e sradicamento dalla nostra persona.

XIX

IL SOSPIRO DI MEDUSA: LA PERFORMER MORENA ORO DESTRUTTURA IL MITO CLASSICO E DENUNCIA L'IPOCRISIA[41]

> *Allora l'esser mostro mi consola,*
> *riabilita l'anima mia intoccabile*
> *ormai da qualsiasi dissacrazione.*

È uscito da poche settimane il nuovo libro di poesie della poetessa e performer maceratese Morena Oro, *Il sospiro di Medusa* (Le Mezzelane, 2018). Il titolo, evocativo nei suoi legami più classici al noto mito di Medusa, richiama da subito un universo altro e sospeso immergendoci in un'alterità mitologica dalla quale, però, la Nostra subito intende smarcarsi; difatti nella sinossi da lei scritta e diffusa sul sito della casa editrice leggiamo: «La Medusa di Morena Oro si ribella all'interpretazione stereotipata del mito che la riguarda, vuol prendere coscienza del proprio ruolo all'interno di quella mitologia e stravolgerlo, sovvertirlo, farlo avanzare verso l'infinitudine delle possibilità ancora sconosciute ai più […] Questa Medusa sospirante non è che il mostro che ha compassione di se stesso, che si ama

[41] Questa analisi è stata pubblicata su "Blog Letteratura e Cultura" il 18 ottobre 2018 e è disponibile al link: https://blogletteratura.com/2018/10/18/esce-il-sospiro-di-medusa-la-nota-performer-maceratese-morena-oro-destruttura-il-mito-classico-e-denuncia-lipocrisia/

profondamente accettando la propria condizione divenuta simulacro della negazione degli altri al cospetto delle proprie deformità interiori. [...] In ogni donna uccisa, decollata nel sonno, urla il mostro arbitrariamente giustiziato di Medusa».

La storia del mito di Medusa, che è ben nota ai più, è bene a questo punto richiamarla per una ragione semplicissima, ovvero per poter comprendere come poi, col suo lavoro, Morena Oro abbia operato secondo un approccio de-costruttivista (Guy Debord decostruiva spazi, qui si decostruiscono miti), riscrivendone le peculiarità di questo personaggio diabolico e misterioso al contempo. De-costruire, che è un atto automatico e rigenerativo, prevede una sperimentazione autentica che porta a una nuova "costruzione": la Medusa di Morena Oro, pur avendo senso per essere ciò che è e che comunemente noi concepiamo richiamando la mitologia e i riferimenti classici è, però, anche altro, perché ricaricata di un significato che l'autrice stessa ha deciso di affidarle.

L'etimologia di "medusa" sembra essere dubbia al punto tale che vi sarebbero varie idee al riguardo. L'idea preponderante che viene comunemente presa come maggiormente valida è quella di vedere la parola quale derivato del nome proprio di Medea il cui significato ha a che vedere con la capacità attrattiva e seducente, dell'ammaliare. Medusa si contraddistingue per essere un mostro alato dalle sembianze femminili, creduta come la più orribile e l'unica delle tre Gorgoni a non essere immortale.[42] Dal nome di Medusa deriverebbero terminologie la cui comprensione è facilitata se si pensa al comportamento della

---

[42] Tale condizione è ricalcata dalla stessa autrice nella poesia che dà il titolo all'intero lavoro: «*Io diversa lo fui da principio,/ di tre sorelle ero l'unica mortale,/ a me toccava, a lor differenza, d'invecchiare,/ di vivere col giogo del tempo intento/ a rosicchiare senza requie la mia beltà*».

divinità, che hanno scarso impiego nell'uso comune della lingua: "medusare" quale sinonimo di "ammaliare" e "meduseo" ad intendere qualcosa che abbia natura ambigua e sinistra: ammaliante e tremenda al contempo o che si riferisca a qualche peculiarità fisica della divinità (la capigliatura con serpenti o la prerogativa pietrificatrice). Risulta dunque utile ed elemento di contestualizzazione ricordare l'origine classica del mito di questa figura ammaliante e intimorente; ne *Le Metamorfosi*[43] di Ovidio la vicenda di Medusa è contenuta nei Libri IV e V: figlia di Forco, di lei si parla della "potenza del mostro" (Libro IV, v. 745)[44] e come "orrenda Medusa" (Libro IV, v. 784) e delle sue peculiarità trasformative da animato a inanimato (in roccia, per l'esattezza): "Per aver guardato la Medusa, erano stati mutati in pietra, perdendo la loro natura" (Libro IV, vv. 781-782). Medusa è l'unica "delle sorelle [che] portasse i serpenti intrecciati ai capelli" (Libro IV, vv.792-793), essere malevolo la cui fine, forse, ripaga della malvagità della sua essenza capace, però, di una progenie buona, il poco noto

---

[43] Il riferimento a Ovidio non ha da esser considerato come forzato o causale. Nell'opera poetica di Morena Oro, a più livelli ed espresso in forme varie, ricorre il tema del cambiamento e della metamorfosi. In un testo poetico amoroso così si legge: «*Ogni ferita col tempo/ si trasforma/ in raffinatissimo ricamo*» (MORENA ORO, *Memorie d'acqua*, Simple, Macerata, 2017, p. 132) e in altri ancora: «*Qui tutto muta ritornando sempre se stesso./ Come una fontana, zampilla, crea giochi d'acqua,/ si mescola e ritorna a zampillare./ Sempre diversa. Sempre uguale.// Tutto scorre/ ma non lo sa./ È sempre uguale/ la grande fontana della vita*» (*Memorie d'acqua*, Op. Cit., p. 215); «*Guardare gli alberi/ è l'arte di/ osservare il mutamento*» (*Memorie d'acqua*, Op. Cit., p. 231), «*Continue rinascite,/ laboriose metamorfosi che trasmutano/ quello che non passa in cieca esultanza*» (MORENA ORO, *Il sospiro di Medusa*, Le Mezzelane, Santa Maria Nuova, 2018). Pochi versi più in là ci si riferisce ancora alla violenza quando l'autrice richiama l'estrema bellezza di Medusa e la carica di fascino che la sua sontuosa capigliatura trasmetteva agli altri: «*Nel tempio di Atena fui concepita./ Gridai, mi negai e mi nascosi/ dietro la sua sacra effige ma quei miei capelli/ luminosi erano invitanti traditori*».

[44] Tutte le citazioni da *Le metamorfosi* sono tratta da questa edizione: OVIDIO, *Le Metamorfosi*, a cura di Nino Scivoletto, testo a fronte, UTET, Milano, 2005.

Crisaore, capostipite di una schiera di giganti. La prima presentazione del volume si è tenuta a Corridonia (MC) il 28/10/2018 presso l'Officina delle Arti. Il volume è stato presentato dalla dottoressa Loredana Finicelli (storica dell'arte) e Lucia Nardi (poetessa e critico letterario).

In precedenza a questo lavoro, Morena Oro ha pubblicato i libri di poesia *Anima nuda* (Albatros Il Filo, 2009), *Affetti collaterali* (Simple, 2011), *Autopsia del mio demone* (Simple, 2013) e *Memorie dell'acqua* (Simple, 2017). Tra le sue ultime performance poetico-danzanti vanno ricordate "I mondi fluttuanti"[45] (Treia, gennaio 2018; riproposta a Montecassiano nell'aprile dello stesso anno) e "Dea ex Machina" (Ancona, luglio 2018). Alla scelta oculata e avvincente dei testi proposti e recitati con particolare verve – a seconda delle esigenze comunicative – Morena Oro non ha mai celato il fatto che ciascuna cosa, secondo lei, abbia una veste esoterica e, pertanto, gli oggetti sono sia quel che rappresentano ma anche il loro 'simulacro' ovvero la loro elevazione immaterica.

Come si evince da alcuni titoli risulta evidente l'elemento dell'acqua[46] nel percorso poetico dell'autrice ed è ella stessa a

---

[45] A questo importante comparto concettuale dell'autrice, magistralmente inscenato nella suddetta performance, possiamo ascrivere l'omonima lirica, "Il mondo fluttuante", nella quale leggiamo: «*Tutto ciò che scrivo,/ ormai, sopravvive/ solo pochi momenti./ [...]/ E più questa forma mi si avvicina/ più brevemente sopravvive*» (*Memorie d'acqua*, Op. Cit., p. 150).

[46] Un aforisma dell'autrice così recita: «*Sulla sponda/ del fiume, ascolto./ L'acqua canta*» (*Memorie d'acqua*, Op. Cit., p. 79). Curioso osservare che Pegaso, uno dei due figli di Medusa nato dal suo sangue che sgorga una volta che viene decapitata da Perseo, sia collegato con l'elemento dell'acqua. Nella sua etimologia più accreditata, di origine greca, "pègaso" deriverebbe da "fonte, scaturigine" e "generare" adducendo come giustificazione del termine che egli è «nato presso le fonti dell'Oceano o, perché aveva, come narra la favola, fatto con un calcio scaturire sull'Eliconia il fonte Ippocrene [...] le cui acque destavano l'estro poetico in chi lo beveva» (Dal *Dizionario Etimologico Online*, www.etimo.it) Dalla narrazione di Ovidio, in merito alla genesi di Pegaso, leggiamo: «Mentre un

rivelare significati reconditi e simbologie, richiami evocativi e misterici che essa, quale elemento fluente, assomma a sé: «Quindi acqua come elemento di trasformazione, flusso, conoscenza, come simbolo di qualcosa che non è mai uguale a se stessa pur essendo la stessa. [...] Acqua come purificazione, come lavaggio, come ascesa nello spirito, acqua come elemento malleabile che prende la forma di quello che riempie, al tempo stesso forza dirompente in grado di scavare la roccia con infinita pazienza e tenacia, di spazzare via tutto in maniera incontenibile. Elemento che dà la vita ma anche la morte. [...] Tutto si muove sempre come in una danza trasformandosi in qualcosa d'altro».[47]

Per ricondurre il discorso all'oggetto principe di questo articolo, ovvero il nuovo libro di Morena Oro, credo che non ci siano migliori parole che quelle della stessa che, pur che fornirci una chiave interpretativa – come troppo spesso vien fatto in testi anticipatori o a preambolo – volutamente rende il tutto più ingarbugliato, diremmo enigmatico, con uno scopo fondamentale: quello di procedere nella lettura con consapevolezza e ragionamento. Poesie che vanno percepite per quel che sono, certo, ma che abbisognano di una introspezione propria per poter percepirne le vere ragioni che in qualche modo le hanno originate. La bellezza[48], da canone estetico e motivo di diagnosi sofisticata,

---

sonno profondo teneva avvinte le serpi e lei [Medusa] stessa, le [Perseo] troncò il capo dal collo: dal suo sangue erano nati il veloce Pegaso alato e il fratello» (*Metamorfosi*, Libro IV, vv. 784-786). Al personaggio di Perseo la poetessa ha dedicato una lirica dal titolo "Perseo e lo scudo" nella cui chiusa si legge: *«Quando tutto urla così silenziosamente/ sembra che esista solo l'assenza»* (*Memorie d'acqua*, Op. Cit., p. 22) mentre nel nuovo libro si sottolinea la sua genesi dal fluire del suo sangue per scannamento: *«Perseo, ti dono tutto il mio sangue/ dal quale Pegaso si leva in volo/ risorgendo dalla mia grazia violata»* (*Il sospiro di Medusa*, Op. Cit.).

[47] Estratti da una conversazione privata avuta con l'autrice nei mesi scorsi.

[48] Cito ancora dalla nota che descrive il nuovo volume: «L'ingiustizia della bellezza che sfiorisce, della vita che ci segna e ci condanna in modi e condizioni

diviene condizione labile da accettare nel suo deterioramento, scantonando meccanismi ipocriti che mascherano la realtà[49] o in qualche modo la distorcono impedendone il fluire proprio. Ecco, allora, che, nella macroforma del 'mostro' che da sempre intimorisce ma apre alla perplessità che Morena Oro dibatte con questo libro in cui Medusa non è solo creatura ferina ma anche emblema di lotta, divenendo espressione di una rinata coscienza che può riaffiorare, pur con difficoltà, a seguito di un dato percorso che consapevolmente si è imboccato e percorso. Così scrive l'autrice: «Nell'epoca in cui si rincorre la bellezza artificiosa elevando a status l'immagine effimera di se stessi, l'unica maniera di affrontare il mostro che alberga in noi [...] è aggirarlo alle spalle, coglierlo nel sonno e decollarlo, cancellandone il volto, negare perciò quella identità che risiede nei tratti somatici che lo scorrere del tempo acuisce, svilisce, rende sempre più marcati [...]. Tagliare la testa di Medusa vuol dire quindi rendere sopportabile il mostruoso, il diverso, esponendo solamente il suo simulacro, la sua icona, il suo trofeo».

Le considerazioni poste in questo suo testo, che meriterebbero davvero pagine e pagine di analisi e approfondimenti, mostrano già di per sé la natura profondamente riflessiva, profonda e investigativa dell'animo della Nostra, unita a una critica velata, eppure percepibile, dinanzi a tendenze diffuse o, si dovrebbe dire, a

---

che non abbiamo scelto ma che dobbiamo subire [...], trovano a volte riscatto illusorio nell'accanimento contro il mostro riflesso che eleviamo a unica degna rappresentazione delle nostre paure [...]. Nessun essere umano potrà mai sottrarsi al gioco degli specchi. [...] Siamo chiamati a trovare il coraggio di mostrare ciò che siamo davvero».

[49] Cito dalla poesia "De Profundis": «*Scegliti la maschera per oggi./ Possiamo fabbricarne a iosa./ Tutte sono vere./ Nessuna lo è.// In profondità tutto si distorce./ Non c'è chiarore./ Nessuna ferma definizione./ La verità ama nascondersi*» (*Memorie d'acqua*, Op. Cit., p. 122).

mode comuni e automatiche, riproposte in maniera sciatta e priva di fondamento razionale spinte dall'ottenimento di un risultato assurdo che, in parte si raggiunge, con i suoi strascichi di un'insoddisfazione crescente che si autoalimenta.

Parlando della nostra società, riflettendo adeguatamente su alcuni comportamenti diffusi che si realizzano, l'autrice così annota: «Ogni epoca, di fatti, ha i propri mostri da distruggere, da decapitare, da affrontare evitando di guardarli negli occhi per non sentirne il peso e la storia. Vogliamo [...] uccidere la caducità, il sentimento di precarietà percepito come mostruoso, pauroso, inaccettabile [...], attraverso la perdita sistematica della sfera umana legata alla sensibilità, al sentimento, alla dimensione imprescindibile dello spirito e dell'anima». Tale tentativo di uccisione, di sparizione coatta, di meschino travestimento e, dunque, di rifiuto del normale scorrere del tempo con la soppressione dell'istinto e della passionalità ricorda, per certi versi, il motto vanaglorioso dei futuristi che, in un manifesto, inneggiavano a un'azione tanto nefanda quanto illusoria, quella, appunto, dell' "uccidere il chiaro di luna". Parimenti, in questo manifesto scritto e pubblicato in francese nel 1909 e in seguito, nel 1911 in italiano, Marinetti inseriva, in una narrazione di guerra, il celebre motto che avrebbe impiegato in un discorso nella città di Venezia nel quale si scagliava contro il sentimento, che in ogni modo, doveva esser appiattito: «Quando gridammo "Uccidiamo il chiaro di luna!" noi pensammo a te, vecchia Venezia fradicia di romanticismo! Ma ora la voce nostra si amplifica, e soggiungiamo al alte note: "Liberiamo il mondo dalla tirannia dell'amore! Siamo sazi di avventure erotiche, di lussuria, di sentimentalismo e di nostalgia"!».

Il discorso sulla bellezza che Morena Oro anticipa nel testo d'apertura e al quale dà forma nelle liriche del volume sembra un continuum ragionato e una sorta di risposta a un serrato contraddittorio sulle potenzialità tremende di Medusa, donna malvagia e anfibia, vittima ella stessa del male e della dominazione e che, di contro al suo potere disumanizzante verso gli altri, non ha il dono dell'infinitudine, della conservazione illimitata, della perdurante esistenza contro qualsiasi limite imposto al regno dell'umano. Ovidio, per bocca di un imprecisato "straniero", a conclusione del Libro IV così riporta in relazione a Medusa, donna affascinante e terribile al contempo: «La sua fu una bellezza eccezionale e motivo di speranza e di gelosia per molti pretendenti; ma in lei tutta non ci fu una parte più bella dei capelli; ho incontrato qualcuno che diceva di averli visti. Si narra che il signore del mare la stuprasse nel tempio di Minerva: la figlia di Giove si voltò indietro, coprendosi i casti occhi con l'egida; ma, perché questo crimine non rimanesse impunito, trasformò la chioma della Gorgone in serpenti ributtanti. Anche ora, per atterrire e sbigottire i nemici, la dea porta sullo scudo stretto al petto i serpenti che fece nascere».

In qualche modo è insita, seppur celata, una forma di debolezza arcaica in Medusa, la cui sevizia sessuale sofferta ha probabilmente deviato la sua propensione sociale verso l'alterità, decidendo di attuare, parimenti alle sorelle, in maniera spregiudicata, vendicativa e molesta contro gli altri. Ma «*nessuna donna è mai tanto bella/ come quando può essere fragile,/ fragile come un grappolo*»[50] come scrive Morena e, in effetti, Medusa è affascinante, attrattiva e seducente ma in lei è celato il pericolo. Si faccia, però, attenzione che Medusa non dà direttamente la morte: non uccide, non trafigge, non decapita né dissangua (sorte che capiterà a lei), semplicemente opera trasformando la materia, riducendo a

---

[50] *Memorie d'acqua*, Op. Cit., p. 232.

uno stato di inabilità e di soppressione degli istinti vitali. Il prodotto finale del suo agire, pertanto, non è il dar la morte, ma il tramutare. Nell'omonima poesia dell'autrice che dà il titolo all'intera raccolta netta e perentoria è la condanna verso l'universo maschile, patriarcale, negletto, che si è arrogato il diritto di padroneggiare su tutto. L'episodio della violenza sessuale sofferto da Medusa da derivarne – possiamo ipotizzare – oltre a un'onta corrosiva e un trauma logorante, diviene urlo carico di sprezzo: «*Siate voi maledetti, uomini e divinità,/ che avete brutalizzato la mia innocenza/ quando era un soffio di grazia ineffabile,/ inginocchiata nel tempio di Atena/ a render venerazione alla sua potenza,/ ero avvolta nel vapore setoso dei miei capelli d'oro/ e non intendevo ancor ragione del perché/ la bellezza scateni implacabili vendette*».

La denuncia va ben oltre ed assume una carica ancor più dirompente: non è solo l'uomo, meschino e usurpatore, ad essere imputato del peccato commesso con l'uso della forza ma anche – cosa ben più grave e ingiuriosa – la stessa Atena, divinità della sapienza, che, nel tempio dove ha dimora e dove si è svolto il misfatto, non è intervenuta per proteggere Medusa né deplora l'accaduto. Qualcosa che fa pensare alla vicenda della giovane Tamar che, stuprata con l'inganno dal fratello Amnon, nel racconto biblico non viene difesa dal padre di entrambi, il re David, che preferisce non castigare il figlio né mostrarsi solidale con la figlia. Nella Bibbia, come nei testi mitologici, lo stupro e l'incesto sono all'ordine del giorno e sono resi ancor più dolenti perché la vittima è costretta a permanere nel contesto ambientale nei quali li ha subiti, senza che vi sia una compartecipazione concreta al dolore sperimentato. Così l'autrice denuncia veemente: «*Atena non sia lodata per la sua sapienza/ ma si erga trionfante come casta protettrice/ del più incallito e secolare maschilismo,/ la dea guerriera che infierisce sulla vittima/ invece di scagliarsi contro lo stupratore».*

C'è in Morena Oro un'attenzione continua verso l'universo femminile, di quelle donne in qualche modo ingiustamente silenziate o tenute ai margini, di quelle donne timide e taciturne, che si sentono vulnerabili e non capite, la cui identità è scissa e percepita come problematica, non conformiste, difficilmente catalogabili, estranee, spesso, in un corpo che non riconoscono completamente. Ecco alcuni versi, che reputo di alta intensità lirica e di pregnante corporeità, di precedenti lavori della poetessa che, in chiusura, vorrei richiamare: «*Siamo fatti di ferite,/ paesaggi scomposti/ di croste aride/ e abrasioni fresche,/ piaghe che il tempo non asciuga,/ infezioni arrossate che le medicine/ non possono stroncare.// .../ Siamo un planetario/ dove localizzare le nostre esplosioni»*[51] e, ancora, nell'affascinante "Kintsugi", metafora di un mondo lacerato eppure ricco ed espressivo: «*Preferisco le persone rotte./Accasciate. Rappezzate./ Tenute insieme col nastro adesivo./ Amo le persone resuscitate mille volte.// [...]/ Sono uguale ai perdenti nati,/ che hanno paura di tutto/ ma non si spaventano con niente».*[52]

Medusa: mostro aberrante o carne dilaniata? Ecco, forse, quale potrebbe essere l'ambizione massima del filosofare d'oggi: «*dissotterrare la poesia/ laddove ci sono solo sequenze».*[53] Questo, nel ricordo certo eppure slavato nei dettagli, di quelle "memorie d'acqua" in cui «*l'acqua on pensa,/ riflette-/ il cielo si specchia»*[54], alla maniera di una formula da fare propria, sceveri da briglie strette perché, per dirla con Juan Ramón Gómez de La Serna, se «l'acqua non conserva la memoria [e]

---

[51] Poesia "Fiabe sfatate" in *Memorie d'acqua*, Op. Cit., p. 73.

[52] Poesia "Kintsugi" in *Memorie d'acqua*, Op. Cit., p. 90.

[53] Poesia "La sezione aurea del detto" in *Memorie d'acqua*, Op. Cit., p. 116.

[54] Haiku contenuto in *Memorie d'acqua*, Op. Cit., p. 119.

per questo è così pulita», navighiamo sempre in acque fosche
e dense di pulviscolo.

XX

L'INFANZIA BISTRATTATA IN "ERANO FIORI" DI ELVIO ANGELETTI. DENUNCIA DELL'ARIA MALSANA DELLA TERRA DEI FUOCHI

La poesia "Erano fiori" di Elvio Angeletti, contenuta nella nuova raccolta *Refoli di parole* (Intermedia Edizioni, Orvieto, 2017)[55], sottende a un significato più ampio e cruciale rispetto a ciò che, da una prima frugale lettura, può fuoriuscire. Non va dimenticata – come osservato più volte negli ultimi tempi, compreso il sottoscritto nella nota di prefazione all'ultima opera – l'accentuata attenzione manifestata

---

[55] Questo testo poetico è risultato meritorio del Premio Speciale della Critica all'interno del Premio Internazionale d'Arte, Poesia e Prosa "Caserta 2017 – La catena della Pace" indetto dalla Associazione Culturale Verbumlandi-art di Galatone (LE) la cui premiazione si è tenuta alla Biblioteca "A. Ruggiero" di Caserta il 21 aprile 2017. Precedentemente l'autore aveva declamato la poesia al reading poetico "I quattro elementi" tenutosi a Chiaravalle (AN) il 18 febbraio 2017, inserito all'interno del programma di eventi culturali promosso dalla Associazione Culturale Euterpe di Jesi "Il respiro della natura".

dal poeta, in termini recenti, verso la realtà sociale, vale a dire quegli aspetti che contraddistinguono la cronaca d'oggi e il nostro presente storico. C'è in Elvio Angeletti (si considerino poesie come "I bambini di Aleppo" e "Di padre indiano" che sin dal titolo chiariscono l'intendimento etico) un approfondimento della propria coscienza dinanzi a vicende poco felici che contraddistinguono la quotidianità. Fatto, questo, che s'iscrive in maniera completa all'interno di quel "fare poetico" odierno che spesso è mosso da una denuncia civile o, comunque, da una compartecipazione al dolore altrui.

La poesia in oggetto ci parla di un prato che ha perso la sua purezza, di una natura che è stata bistrattata dall'uomo ed ora, a conseguenza delle sue bieche e incontrollate azioni, fa i conti con ciò che rimane. Lo sguardo è lucido e al contempo impietoso, sebbene il messaggio accusatorio non si palesi come neppure la condanna non è proiettata verso un destinatario patente.

Margherita e Viola sono solo due delle specie floreali più tipiche nel nostro ambiente e un giorno, spiazzate e stordite da ciò che intorno accade, si trovano a colloquiare su ciò che si prospetta per il futuro prossimo. La semplicità di linguaggio adoperata dal poeta è tale da permettere una *mimesi* del lettore all'interno dello stesso prato, ora incivilmente abbandonato a sé stesso e prossimo a un vero e proprio sfacelo.

I due interlocutori sono due fiori appesantiti dalle polveri che girano nell'aria e che non permettono una vita salubre e spensierata. Ci figuriamo la scena in maniera molto chiara, come se la margherita, poco distante dalla viola, le si protendesse per un colloquio rassicurante che, in realtà, è un invito a un aiuto corale. Cosa può fare la natura contro le aberrazioni dell'uomo? In che maniera un fiore adulto come la rosa, che lì è nato, ha soggiornato vari anni rallentando il suo ciclo per poi rinvigorirsi e colorare l'ambiente, può opporsi alle vicende incontrollate dell'uomo che, col solo fine di incassare e dominare, si è auto-proclamato Dio in terra? Ecco, allora, che il poeta è abile nel tessere un efficace doppio linguismo all'interno dell'opera che si realizza in una duplice realizzazione della scena: fiori a colloquio che, a loro volta, sono bambine che parlano tra loro.[56]

---

[56] Un avvicinamento a questa poesia di Elvio Angeletti può essere fatta con una lirica della poetessa teatina Rosanna Di Iorio dal titolo "Fiori di Bucarest" (vincitrice di vari premi tra cui il V Concorso di Poesia "Cesare Vedovelli" di Senigallia (AN) nel 2010 e inserita nel libro *Il filo di Arianna. Geografia di sentimenti*, Kairos, Napoli, 2013). La poesia affronta il tema dell'infanzia negata, questa volta in terra di Romania, impiegando la stessa analogia del fiore che descrive, appunto l'età verde dei bambini. La poetessa osserva quanto basti poco per rendere felice un bambino che vive di nulla, senza agi e ricchezze: "*Hanno speranze piccole e illusioni/ disamorate*". Esistenze tralasciate, abbandonate a sé stessi, senza che nessuno li ascolti o sia pronto a carpirne il disagio, posti in un pezzo di terra a loro ostile che li obbliga a crescere in fretta e a combattere col mondo, senza riuscirci, spesso. Rosanna di Iorio parla della cupidigia e dell'insolenza dell'uomo, dell'indifferenza verso gli infanti, della sua connivenza a renderli più fragili e spersi: "*Noi, travolti da cupe apparenze,/ persi tra i fiori elettrici/ accesi in lontananza,/ bruciamo i sentimenti ed ogni senso*". Chiusa durissima e inesorabile che è scandaglio attento di un uomo che si è assolutizzato e ha fatto di tutto ciò che lo circonda un mezzo per i suoi scopi, battezzando la nullità dei rapporti sociali.

L'infanzia è macchiata indelebilmente dall'inquinamento delle vicine discariche all'aperto, ai roghi sommari che vengono appiccati per un facile, risolutivo ma al contempo letale smaltimento. L'età più bella è imbrattata di diossina e fumi deleteri che s'impadroniscono dei polmoni, dei tessuti epidermici, fomentando malattie cancerose difficili da debellare tenendo conto anche della fragilità di questi piccoli corpi. Elvio Angeletti, con un fare rispettoso e al contempo assai descrittivo, delinea il tracciato umano di perversione dove l'uomo, omertoso e vanaglorioso, uccide se stesso rincorrendo, stoltamente e col paraocchi, una logica di bene privato, fine a se stesso.

Trovo rimarchevole che un poeta dedito al descrittivismo lirico di marine, ambienti campestri e, comunque, di scenari più tendenti all'idillio che al dramma, come Elvio Angeletti abbia voluto porre attenzione su un fenomeno consistente e denigrante della stessa coscienza. Aberrazione che sembra non avere una risposta robusta da contrapporre perché ingrediente di quel circolo vizioso che è il controllo e la gestione del territorio per mezzo del sotto-potere, quello di cosche, padroni e mandamenti della camorra che lì banchetta e s'irrobustisce. Mentre la questione dei roghi dei rifiuti è una realtà che si osserva piuttosto che entrarvi nel merito con un tentativo valido di sradicamento, con questa inattività e silenzio, si procede a una sordida e negletta legittimazione del fare criminale.

Viola e Margherita sono solo due esempi, due virgulti di vita strappati troppo presto, metafora di una realtà assai più drammatica nelle percentuali di contrazione di malattie e di decessi. Una terra che non ama i suoi figli, non può essere considerata Madre Terra. Immancabile il rimando al Genio Recanatese che con perizia e disincanto descrisse il giardino in stato d'abbandono, metafora di una natura matrigna: "*Voi non potete volger lo sguardo in nessuna parte che voi, non vi troviate del patimento. Tutta quella famiglia di vegetali, è in istato di souffrance. [...] L'una patisce incomodo e trova ostacolo e ingombro nel crescere, nello stendersi; l'altra non trova dove appoggiarsi, o si affatica e stenta per arrivarvi. In tutto il giardino tu non trovi una pianticella sola in istato di sanità perfetta*".[57] Ma la natura non è malevola di per sé; è l'uomo che si è discostato da essa, rifuggendone la protezione asservendo le sue volontà di conquista e di sfida.

La lirica tocca il suo acme di intensità emotiva, il nervo centrale del *pathos* straziante che ci àncora a queste gemme nutrite di diossina, quando Viola – con la volontà di dar un sano appoggio all'amica Margherita – tenta – pur difficilmente dinanzi alla velocità con quanto tutto accade senza segnali di remissione – di incoraggiare l'amica. Si tratta, questo, di un dire che ha dell'infantile e dello spontaneo: Viola, in cuor suo, forse già sa che non ci sarà scampo a quel delirio imposto dall'uomo ma, per lo meno, per gli ultimi istanti che le sono concessi, è in cerca della felicità. Ecco perché scantona da sé l'immagine del fumo, di quella polvere densa, dell'aria mefitica e delle fiamme che mai si domano. Sa che ci sarà la morte ma sa anche che non è giusto affidare alla morte gli ultimi pensieri. Non accetta che essa si presenti lì, tra di loro, e rifugge l'idea. Margherita, che forse è meno propensa

---

[57] Giacomo Leopardi, "Il giardino della sofferenza", in *Lo Zibaldone*, brano datato Bologna 19 aprile 1826.

a pensare a un possibile futuro e – forse ha addirittura già perso qualche suo caro nella stessa maniera – è, invece, attanagliata dal tormento e sente che, ormai, la minaccia nera non è così lontana da sé.

Il colloquio tra le due – pur brevissimo – è reso dal poeta in una forma assai reale e innocente, dolorosamente senza pianti né pietismi ma per questo non meno straziante. Esso prende la forma di un rovello esistenziale che noi lettori siamo chiamati a cogliere: se la vita di per sé comprende la morte, perché l'uomo ne facilita il corso? La bolla di questo giardino edenico/infanzia contaminata si rompe all'improvviso, senza possibilità di tregua: "*di lì a poco/ arrivò anche la morte*".

La morte, in quel contesto di angoscia e di incomprensione delle due giovani vite, non rappresenta un fatto inedito, giacché esse hanno da tempo convissuto con essa, con la sua minaccia, l'hanno sentita addosso come si sente un vestito nuovo. Così, come un fiore che in un prato sterminato muore perché colpito da un elemento endogeno, poi si secca e si polverizza alla completa disattenzione di tutti, lontano dai palchi, pulpiti e microfoni, le ragazzine muoiono in quel clima perverso che si è creato, dove la morte di qualcuno è poca cosa, un episodio che si tollera quando non ci riguarda da vicini e che, comunque, non ha nulla da vedere con l'implacabile e notevole fabbrica mafiosa dei roghi di discariche abusive a pochi metri da centri abitati.

In questa poesia c'è la morte e poi la rinascita. L'esperienza del dolore – non direttamente evocata se non nell'immagine del *pianto del prato* – va – a mio modesto parere – rintracciata proprio in quello smilzo dialogo tra le due povere ragazze, vittime annunciate di un'ingloriosa Campania.

Che cosa resta di una vita calpestata, di un'esistenza ancora acerba che ha dovuto soccombere perché la sua unica colpa è stata quella di trovarsi nel posto sbagliato al momento sbagliato? Il ricordo, c'è da sperare. Ma non il solo ricordo dei cari che – nel tentativo di battaglia civile dinanzi alla grave situazione – sarebbe poca cosa. Il ricordo collettivo, il dramma umano vissuto da tanti, la compartecipazione a un'esistenza tribolata, di lotta contro la malattia infingarda e poi al nero abbandono, alla solitudine, alla consacrazione a una vita di vuoto e di malessere. Elvio Angeletti, che è un poeta portato a vedere il bicchiere mezzo pieno piuttosto che mezzo vuoto, e che – Marco Vaira (regista teatrale) ha recentemente definito come interessato ad aprire sempre squarci di speranza – ci fornisce una risposta – se tale vogliamo considerarla – alla questione. Lì, sul campo di battaglia, in quello spazio che ha visto la morte nascono nuovi fiori. Com'è possibile, allora, verrebbe da chiedersi, se la zona è sempre più inquinata e invivibile, con livelli di tossicità assai alti? Elvio lo chiarisce subito: le nuove rose che spuntano sono di un *"colore indeciso"*. Versi, questi, da far accapponare la pelle. Il colore dei petali della rosa è indicibile, non è definito, ha qualcosa di strano e di non riconducibile – sembrerebbe – alla canonica e definita bellezza della rosa. Nella *"indecisione"* di questo colore, nella tinta di vergogna e disprezzo di questa nuova pianta, è forse contenuto il messaggio della vita: la Natura non si ferma e va avanti nei suoi cicli di rinascita, ma ha anche memoria di ciò che accade. Così, se è vero che una nuova rosa rinasce, è anche vero che essa nasce di per sé malata, gravata dal morbo inquinante, degenerata e, in quanto tale, tendente a una vita di sofferenza, apatia, incapacità di suggere l'humus vitale e prosperare.

Ancora con Leopardi: *"Certamente queste piante vivono; alcune perché le loro infermità non sono mortali, altre perché ancora con malattie mortali, le piante [...] possono durare a vivere qualche poco di tempo"*.[58] Una rinascita che fa sperare ma che ha in sé i connotati del peccato umano, come il rossore delle betulle nei pressi di Chernobyl dopo la nota sciagura nucleare.[59]

Difatti, seppur una rosa sboccia e qualche altro filo d'erba, imperituro, popola quella terra silenziosamente massacrata, non è in nessun modo risolto il problema fautore del male. Non ci sono, infatti, interessi forti e coesi – pur negli scranni più alti – atti a creare consapevolezza in chi, con le sue balorde azioni, ammazza gli altri non sapendo che negli altri è contenuto anch'egli. Perdura, così, una realtà infamante e deleteria, taciuta perché ormai divenuta rituale che solo raramente in qualche programma televisivo o in qualche inchiesta giornalistica ha il modo di trasmettere il peggio di sé: bollettini di malattie cancerogene, percentuali di morti, sviluppo di serie malattie genetiche. In questi ampi sobborghi dell'infelicità viene dato di pensare che il nostro Paese possa essere equiparato alla rovinosa

---

[58] Giacomo Leopardi, "Il giardino della sofferenza", in *Lo Zibaldone*, brano datato Bologna 22 aprile 1826.

[59] Proprio su questa realtà ho scritto la poesia intitolata "Primavera a Prypiat" a trent'anni dal disastro nucleare di Chernobyl (1986). Questo testo fa parte della silloge inedita *Pareidolia*.

situazione dell'universo infantile nelle *favelas* brasiliane o, ancora, alle prese con la pratica dello sniffamento di vernici e benzina nell'Europa dell'est col fine – illusorio, ma comunque atto a fuoriuscire da sé – di trarne uno stordimento che faccia dimenticare l'ingiustizia di essere al mondo. Il poeta non fa mai calare l'attenzione su quell'universo di anime vaganti e di condannati dove *"si nascondeva la malasorte"*.

Eppure nei tre versi che chiudono la poesia ritroviamo termini positivi, d'incitamento e credenza alla vita: i *"fiori"*, l'accezione di nascere, il *"prato"*, il *"primo sole"* che fa pensare a un'alba promettente e la *"primavera"*, età di ricrescita e di sviluppo. Perché? Perché intorno a tanto grigiore, puzza di materiale inquinato bruciato, file di vapore denso e tanta inquietudine mai doma l'immagine finale è, ancora una volta, in qualche modo positiva, se non altro fornisce la possibilità di credere in un miglioramento della situazione? Ed è qui il tema nevralgico della poesia che riguarda – seppure non ce ne sia evidenza diretta nell'uso delle parole adoperate da Elvio Angeletti – il sistema del malaffare, assai radicato in quelle realtà da decretarne i traffici, i rapporti gerarchici di dominazione e sudditanza e le pratiche incivili. Nel fiore è possibile intuire – oltre alla corporeità delle due sfortunate ragazzine che cadono e avvizziscono sotto il cielo d'estate – l'emblema della *legalità* che, proprio come una pianta, ha bisogno di essere curato e nutrito, abbeverato di buona acqua e sostenuto, fatto crescere in un clima di benessere. Ciò non potrà avvenire in assenza di una presa di coscienza netta, di un saggio approfondimento della questione e dell'intervento mirato e massiccio degli organi militari per sradicare quella malevola genìa che il poeta calabrese Gaetano Catalani ha definito "*la malerba [che] non vuol morire*".[60] Affinché l'erba cattiva, che non abbisogna di molta acqua per crescere né di particolari fertilizzanti per figliare, non s'appropinqui a invadere l'intero campo, strozzando ogni virgulto di bene, che nel mondo ha diritto di *esserci*.

---

[60] La poesia "La malerba" del poeta calabrese Gaetano Catalani porta come dedica "A un imprenditore-eroe ribellatosi alla 'ndrangheta" e descrive con versi molto incisivi il retrogrado sottobosco della criminalità dalla quale sembra sempre più difficile sottrarsi. Nella chiusa, infatti, si legge: "*La malerba però non vuol morire/ e la storia si ripete sempre uguale/ mossa dal fiato di paure vissute/ dove il cieco col silenzio s'accartoccia*". La poesia è contenuta in AA.VV., *Non uccidere. Caino e Abele dei nostri giorni*, a cura di Isabella Teresa Kostka e Lorenzo Spurio, The Writer Edizioni, 2017.

XXI
L'AMORE INTERROTTO NELL'OPERA POETICA DI BRUNO MOHOROVICH[61]

Un volume di liriche interamente declinato al tema dell'amore è *Storia d'amore. Una fantasia* (Bertoni, 2015) di Bruno Mohorovich. Nelle note critiche d'apertura stilate da Guido Buffoni si traccia in maniera fedele e con approfondimento emotivo le nervature principali che contraddistinguono le poesie qui contenute. Buffoni, come il sottoscritto, è convinto nel sostenere che non abbia rilevante importanza sapere se tale liriche provengano dall'animo prima ardente e poi sofferente dello stesso autore dinanzi a una voluta e poi problematica storia d'amore. Pur essendoci sempre una buone dose di se stessi quando si scrive (anche laddove si cerca di celarsi o mistificare) è anche vero che il sottotitolo dell'opera "una fantasia" dovrebbe ricondurci a un discorso più generale e ampio, vale a dire che, pur potendo essere un testamento o canzoniere d'amore dello stesso autore, i concetti e le emozioni ivi contenute vanno analizzate e concepiti nella loro impronta costitutiva. Lo stesso Buffoni ben chiarisce l'insensatezza (e aggiungerei la

---

[61] Questa recensione è stata pubblicata su "Blog Letteratura e Cultura" il 13 dicembre 2018 ed è disponibile al link: https://blogletteratura.com/2018/12/13/storia-damore-una-fantasia-di-bruno-mohorovich-recensione-di-lorenzo-spurio/

fallimentarità) di un intendimento atto a sviscerare quanto è il reale, quanto il realistico e quanto, invece, l'elaborato liberamente, diremmo il creato in termini meramente letterari: "*Non è dato quindi al lettore la certezza che tutto quello che evocano le sue parole sia scaturito dalla realtà, ma non importa. Non è necessario approfondire se ciò sia veramente accaduto*". Buffoni ha pienamente ragione anche se, essendo la poesia un atto di verità (o di onestà per dirla alla Saba), difficilmente riuscirebbe a concepirsi come mera materia letteraria, oggetto di finzione o superfetazione, tanto più – aggiungerei – quando si parla di amore. Un amore o lo si è vissuto o lo si è anelato. O si è stati abbandonati e se ne è vissuto il tormento o si è sperato in un ricongiungimento ma, prima di diventare materia poetica, esso ha avuto una formazione concreta, una composizione reale. Se l'io lirico, con le immancabili complessità del caso, può ergersi a scrutatore dell'universo socio-civile e dare una sua visione di determinati fatti più o meno sconvolgenti, risulta difficile credere che possa parlare di amore (e, tanto più in maniera così vivida, profonda e convincente com'è in Mohorovich) se effettivamente non l'ha provato direttamente. Allontanandoci, però, da tale riflessione che imporrebbe un discorso a parte che esula dall'interesse del critico e da chi, curioso, si avvicinerà ai contenuti, vorrei concentrarmi sulla composizione del lavoro e le variabili che lo costituiscono in questo percorso che è una sorta di sondaggio itinerante dell'anima.

Come in un'opera didattica o comunque volta ad apparire con un intento illustrativo e ben strutturata nella composizione degli elementi che la caratterizzano, la silloge di Mohorovich, poeta nato a Buenos Aires nel 1953 da genitori istriani attualmente vivente a Perugia dopo un significativo periodo a Pesaro, si nota la tripartizione in "L'inizio", "Insieme" e "La fine".

I versi amorosi, non rasentano mai la sensualità e l'erotismo, e si pongono come manifestamente velati, a tratti anche inibiti dinanzi alla grande forza dell'amore. Sono poesie notturne, scritte in quegli istanti di silenzio e solitudine dove anche l'assenza di rumore contribuisce ad acuire il senso di malessere, dolore e allontanamento dalla società degli uomini felici.

Poesie dal verso veloce atte a tracciare la desolazione interiore, la sofferenza reiterata di un animo inquieto che si trova nella dolorosa condizione di un allontanamento dall'amata di cui non si conoscono le ragioni: se è un allontanamento momentaneo dovuto a una mera lontananza geografica, se è il frutto di una distanza presa come decisione condivisa a seguito di turbolenze nel rapporto o se, ancor più drammaticamente, è il segno finale di un atto di abbandono, tradimento, negazione all'altro, chiusura definitiva di una storia. Anche qui, per richiamare il Buffoni prefatore, non dobbiamo porci troppe domande perché a chi legge – tanto per essere spiccioli – non ha da interessare. Ciò, oltretutto, svierebbe – e di molto – dall'appropriazione personale di questi versi condivisibili e assai chiari nel loro ergersi a sorta di appello che viene lanciato.

Le poesie de "L'inizio", dopotutto, sono liriche della stasi, di un'età che non è ancora definita, che si localizzano in un periodo *forse* di transizione (l'io lirico è forse in attesa di una risposta che potrebbe giungere e che, invece, lo fa tribolare non poco), oppure di una scadenza auto-decisa (o imposta) dalle due parti per poi ritrovare un momento di condivisione e raffrontarsi. Ad ogni modo è evidente che è un periodo sospeso di cui non si conosce la durata e, ancor più, le motivazioni che hanno condotto a quella fase-cuscinetto del rapporto. Forse lo rinsalderà, come spesso avviene o, ancor più frequentemente, potrà rivelarsi l'anticamera della sua inderogabile conclusione?

Gli avvenimenti che si realizzano in questa fase hanno poca rilevanza e tutti attengono al pensiero, tortuoso e ricorrente, dell'alterità che, in un certo senso, sembra già ormai lontana e inudibile. "*Bramoso di ascoltarti/ mi perdo in tramonti e colori di luce/ che solo il tuo sguardo luminoso/ rimanda*". L'ambientazione prevalente è quella della notte, con le sue oscurità sensibili e i suoi tormenti psicologici dove l'idea dell'amata è la luce di una possibile stella da cogliere e nella quale poter intravedere speranza e felicità. Si tratta, però, per lo più frequentemente, delle sorte di meteore: splendono, sì, ma la loro è una durata luminosa che è fugace e che declina al buio. In tali momenti prendono piede le "*illusion[i] d'un insonne*", difatti non è dato più sapere con precisione se l'io lirico parli da un mondo che è irreale e di appartenenza dell'onirico o, più verosimilmente, sia in una veglia anomala, in una vigilia intrepida che anticipa l'insonne notte.

Nella seconda porzione del libro, "Insieme", si dà maggior concretezza al rapporto amoroso evocando contatti fisici di vero toccamento ("*le dita si sfiorano,/ come sassi lambiti dalle acque/ le mani si prendono*") che potrebbe riferirsi a un ricordo ancora piuttosto vivo. Non è, infatti, la trascrizione di un momento che si vive al presente ma sempre rievocato con nostalgia nel fluire della coscienza. Così, riappaiono anche i momenti di una dichiarazione esplicitata: "*Tentennante esce la mia parola*" e un anelito pressante a un riavvicinamento: "*Quando torneremo a ritrovarci*" che allude, già a questa altezza, a un qualche allontanamento fisico che s'è prodotto tra le due componenti della coppia.

Poche poesie dopo Mohorovich definisce la donna nei termini di una "*presenza non rivelata*" quale ombra – seppur viva – di un passato che è ancora totalizzante. Si esplicano così le trame più insondabili e veementi di un amore robusto che, però, ha da fare i conti con la sua dimensione platonica, inconcreta, sublimato dall'assenza e fiaccato da una ricerca continua di contatto e corporeità. Ci sono promesse (*"Ti aspetterò"*), finanche evidenza delle difficoltà (*"separati da una barriera"*; *"timorosi del presente"*) e, ancora, convinzioni che pervaderanno il futuro *("...E ti verrò a cercare"*) fino a che non ci si approssima al capitolo conclusivo di questa triade tematica, "La fine".

Qui, tutto è tracciato nelle forme della privazione, lontananza e abbandono: situazioni che l'io lirico dà ormai per note, esperite e assodate, ma non per questo meno dolorose e ragione di una tribolazione quotidiana: *"Vanamente/ si dissolve/ nella confusione,/ la speranza di stare insieme"*; *"Ho perduto ogni speranza di vederti apparire/ [...]/ [sei] fantasma che non si manifesta"*.

Tra le *"incomprese parole"*, *"il canto amaro"*, *"l'effimera storia nostra"* e il rimpianto si compie quel "definitivo addio" dipinto in una delle liriche che serrano il volume alla quale il poeta fa seguire il nutrimento di un'unica speranza – pur minima – di shakespeariana impronta: *"Viva, a me basta che tu sia viva/ nell'appannato miraggio"*.

Chiude il volume una pagina diaristica in forma narrativa ma dall'alta intensità lirica dal titolo "Le parole negate" in cui il poeta dichiara la sua sofferenza non solo nel non poter più vedere la sua amata ma anche per la negazione alla comunicazione con lei. *"Scrivere è anche capire ciò che si vuol capire o ciò che si vuole che si capisca"*, annota, dichiarandosi ormai uomo veramente perso a se stesso, grumo di dolore, in questa impossibilità di dire, negazione di sé, censura dell'amore che l'ha fatto vivere e che in lui ancora arde con i ricordi lieti che alimentano la fiamma.

XXII

E DRITTI DEVONO ANDARE ANCHE I PIEDI: POESIE DI CAMILLA DANIA[62]

Andrò contro voi
vecchie stupide paure
vi andrò contro ridendo.

Presentando testi particolarmente sentiti, frutto dell'esperienza esistenziale, e interpretati con evidente trasporto e forte carica empatica, la poetessa Camilla Dania nell'agosto 2017 a Porto Recanati (MC) si è aggiudicata la vittoria del "Playa Rosa Poetry Slam", organizzato congiuntamente dall'Ass. Euterpe e dalle Mezzelane Casa Editrice. Il pubblico – fortuito e prevalentemente neofita di poesia – come il poetry slam nelle suoi canonici principi prevede, aveva apprezzato i testi di matrice intimistica ed esistenzialista che la poetessa, nata a San Benedetto del Tronto (AP) nel 1988, aveva deciso di portare. La meritata vittoria le valse, oltre che un consenso diffuso tra pubblico e poeti partecipanti, anche un'offerta contrattuale con l'omonima casa editrice che organizzava l'evento e che, ora,

---

[62] Questa recensione è stata pubblicata sulla rivista "Oubliette Magazine" il 4 dicembre 2018 ed è disponibile al link: http://oubliettemagazine.com/2018/12/04/e-dritti-devono-andare-anche-i-piedi-di-camilla-dania-il-presente-liquido-ed-il-colloquio-continuo/

169

a distanza di alcuni mesi, ha felicemente pubblicato quella che può essere definita la sua "opera prima".

E dritti devono andare anche i piedi (Le Mezzelane, 2018) è un titolo che apre alla perplessità e che, più che imporre una riflessione, fornisce semmai degli spunti di possibilità da percorrere, addirittura in modo quanto mai vago e surreale. Si tratta, come ci si renderà conto leggendo l'opera, di alcuni versi estrapolati da una delle liriche che costituiscono la "spina dorsale" dell'intero lavoro.

In via generale i testi poetici contenuti in questa silloge partono da approfondimenti personali, riflessioni interiori, desideri di specchiarsi per cercare di intuire non tanto la complessità dell'identità unica, semmai porzioni di essa, possibilità da poter cogliere o, al contrario, cercare di combattere.

Liriche che si riferiscono a un "tu" imprecisato, a un'alterità assente fisicamente ma presente in forma ubiqua, quasi in maniera reiterata, ossessiva, immancabile e, ancora, frenetica. C'è un colloquio continuo con quell'altro che tanto dolore ha causato, decretando l'amplificazione di paure e la sofferenza del presente eppure, come in qualsiasi contatto d'amore o di legame destabilizzante, si nutre, scorrendo i versi, una sensazione di percepito amore-odio, di desiderio-negazione, di ricerca-allontanamento. La costruzione nettamente dualistica delle modalità del vivere credo non debba essere penetrata in termini esegetici con un'idea di irruenza giovanile o di poesia embrionale e germinante, semmai con l'inseparabile convinzione della complicatezza del mondo, retto appunto su voragini e attimi, che se non sono vere e proprie ascese, fungono da sperate oasi di quiete.

Poesie per lo più grigiastre, dove i toni agrodolci, i lamenti, gli stati di desolazione e di viva sofferenza paiono primeggiare e andare a unirsi a traumi rappresi e riaffiorati, a infauste memorie che ancora galleggiano. Un vivere, quello proposto con la silloge, che non ha escluso la speranza dalle giornate tediose e solitarie ma che parte da un groviglio pesante di incertezze, delusioni, ferite, violenze subite e amplificate nella suscettibilità di un animo a tratti vulnerabile. Ecco che la poetessa sembra anticipare, nel pensiero della sofferenza che riaffiora, a un possibile rimorso che va nutrendosi in lei: *"ripenso alle cose non dette/ e a quelle dette male,/ ripenso a quella cerniera dei jeans/ e alla sensazione di dolore vacuo"*.

Quelle della Dania sono giornate improntate su una *"inguaribile nostalgia"* dove gli abitanti, non più persone, hanno assunto le sembianze di indicibili *"mummie sfila[nti] davanti a me"*; dove si giunge, in un climax di deleterio assorbimento di colpe e di delegittimazione dell'altro, a un processo di vera e propria vittimizzazione dai toni nefandi: *"Ti auguro solo, lentamente, di morire"*.

Interessante il maneggio del codice linguistico che la Poetessa adopera quando, come nella poesia "Di fronte alle mie parole", la vediamo palpare, modellare e formare parole, per dar compimento a concetti, sintagmi che si rincorrono per allacciarsi e dar forma a un pensiero di senso compiuto. Tale ordine non è automatico né semplice difatti predispone la Nostra a interagire con una materia difficile, bizzarra e imprendibile, eppure pericolosa se mal formata: ci sono stasi impreviste (*"Sono ferma/ di fronte alle mie parole"*) ma anche accelerazioni che la proiettano verso un oltre che si rincorre; l'atto istintivo dell'eliminazione di alcune di esse e dell'adozione di altre risulta necessario: *"Provo a rompere le mie parole,/ separare le une dalle altre/ con un pugno netto, dritto nell'aria"*. Molto bella ed assai efficace quest'azione cruciale del "rompere le parole", dissezionale, ripartirle, dissociarle, destrutturarle, renderle minime, denudarle, privarle di parti di sé.

La società nella quale è calata la poetica di Camilla Dania è chiaramente il nostro presente liquido anche se potrebbe riferirsi benissimo a qualsiasi altra epoca non essendoci nelle sue liriche un chiaro e diretto intento di carattere socio-civile atto a raffigurare o a mettere a nudo il senso di comunità nelle sue vulnerabilità diffuse. Nella poesia "E dritti devono andare anche i piedi" c'è un riferimento a questa "valle di pianto" che la Nostra definisce quale *"terra muta e rammendata/ una terra rattoppata,/ una terra incontinente"* che sembra esser ulteriore metafora ed estensione dello stesso disarcionamento e frammentazione dell'io lirico.

Tra gli interessi di Camilla Dania, anima inquieta che *"h[a] troppo rumore dentro"*, non c'è solo la poesia ma la cultura a tutto tondo; ce lo dimostrano la sua nota biografica che serra la pubblicazione dove si parla abbondantemente delle sue varie collaborazioni e presenze nel mondo del teatro ad alti livelli, soprattutto all'estero. Non va neppure dimenticata la capacità grafica della Nostra ben evidente dalla serie di quadri da lei prodotti che ha deciso di inserire all'interno del libro quali ulteriore arricchimento. Parimenti, la copertina è rappresentata da una delle sue produzioni artistiche. Tali quadri si riferiscono a soggetti difficilmente identificabili, visi per lo più ritratti frontalmente, quasi da posa, nei quali si sottolineano, per mezzo di colori caldi appositamente stesi in maniera oculata, alcuni dettagli, atteggiamenti e, soprattutto, approcci visivi forniti dall'inquadratura dell'apparato visivo. Le poesie di Camilla Dania, un po' come i suoi dipinti, sono forse dei tentativi per approcciarsi a una possibile definizione della forma: *"E allora ridisegno le linee, sottolineo i confini,/ traccio la mappa della mia assoluta terra"*.

Incline a un'osservazione attenta dell'esterno mediante una formulazione multipla di visioni e accorgimenti, resi in una chiave *pareidolitica* di dubbia prolissità e ampia filiazione, deve esser posta particolare attenzione alla poesia "L'arte di" dove ben sale in superficie questa soffocata esigenza di dire dell'inefficacia costitutiva dell'essere nel cogliere la totalità della forma con lenti asciutte e rigorose: *"Mi hanno insegnato l'arte/ di cogliere l'invisibile/ ma è diventato un gioco perverso -/ questa caccia al ladro che si mostra e si nasconde"*. Per tali ragioni non è detto che, se la direzione del pensiero è definita verso una meta, anche i piedi andranno necessariamente "dritti" verso quella destinazione: è un tempo dove domina lo scarto e l'indefinitezza: *"la verità è un imbroglio di fili e strade consistente"*, dice. Ciò accade, per lo più, quando sei solo e *"vedi cose che non esistono"* delle quali, però, hai drammaticamente bisogno per procedere il passo.

XXIII
Altre forme di deliquio: audacia, parossismo, sfida e ambiguità

Temperamento ardito e calma compassata, scaltrezze giovanilistiche e moniti etico-civili s'assommano nell'opera d'esordio di **Oscar Sartarelli** (Genga, 1951) dal titolo *Armonie e dissonanze* (Le Mezzelane, 2018).[63] Nella raccolta, infatti, non mancano poesie dal piglio istrionico che rivelano un autore scanzonato e giocoso, pronto a sovvertire situazioni in cui la battuta o la freddura potrebbero addirsi poco e invece risultare senz'altro appaganti e risolutorie. Altre volte si rasenta i limiti del licenzioso (ammesso che essi possano essere definiti) ma, dopotutto, non solo glielo consentiamo, ma gliene siamo riconoscenti per lo sfogo audace eppure rispettoso che è così abile di fluidificare nei versi con i quali ora blandamente affronta la vita. Tutt'altro tono – questa volta di dolente serietà – è ravvisabile nei versi dedicati ai magistrati siciliani uccisi dalla mafia di cui sembra percepire nel sotto-testo una continuo e metallico ronzio a inquinare le parole, vibrazione di quella deflagrazione che ha stroncato vite umane e la giustizia. Ci sono poi i versi dedicati a poeta delle borgate romane in cui l'io lirico, in una compianta solidarietà verso la madre di Pasolini, si unisce alla vicenda del più celebre 'ragazzo di strada', protagonista di una storia dalle fosche tinte che, tra accuse e piste

---

[63] Tale commento è estratto dalla prefazione al volume da me scritta.

investigative, non ha mai riportato la fine veritiera: *"Pur tardivo il mondo t'ha compreso,/ e l'oblio della morte più t'incanta"*.[64]

RAFFAELE ROVINELLI (Fano, 1988) può essere definito come poeta tendente all'intimismo e dalla natura appartata, sodale del silenzio e confessore di stati d'animo dolenti e ripiegati. Negli ultimi anni è nata in lui una voglia di riscatto sociale che si è fatta via via pervasiva e lo ha portato a credere maggiormente in se stesso. In tale cornice s'inserisce la sua prima opera poetica pubblicata, *Sciarade* (Montedit, 2017), il primo volume di un progetto pensato come tetralogia e che porta come sottotitolo, in questo primo libro, "La caduta".

Nel preambolo al testo, vergato dallo stesso autore, si chiarisce il motivo del titolo che fa riferimento all'enigmaticità dell'esistenza, vista e percepita come rebus difficilmente risolubile. Il poeta parla della "caduta" vale a dire di un momento di difficoltà e crisi interiore che lo ha visto denudato per la sua vulnerabilità e che lo ha portato a sentirsi emarginato, allontanato e non compreso dal gruppo sociale.

Il suo libro – che egli definisce *"semplice (tuttavia complesso)"* in realtà non è proprio tale poiché gli incroci semantici risultano spesso difficili da cogliere a una prima vista e vanno ricercati con più attenzione, inoculati e collegati nel tessuto unico dei pensieri evocati. Sono – per usare ancora le sue parole – poesie che propongono *"molteplici illuminazioni vissute in prima persona"*.

---

[64] La poesia dalla quale è tratto questo verso, dal titolo "Nidi d'eternità", è stata inserita nella raccolta antologica in ricordo del poeta: AA.VV., *Pier Paolo Pasolini: il poeta civile delle borgate. A quarant'anni dall'assassinio*, a cura di M. Zanarella e L. Spurio, PoetiKanten, Sesto Fiorentino, 2016.

Il volume risulta diviso in tre comparti, rispettivamente intitolati "Abominio", "Ottenebrare" e "Malignità"; al loro interno ogni lirica è opportunatamente provvista di titolo che in parte già anticipa dove l'autore intende andare a parare. Titoli ben definiti che forniscono indicazioni puntuali sullo stato d'animo o sull'azionalità in determinati ambiti.

Rovinelli, con la sua cripto-poetica, cerca di risalire alle origini del dubbio, della nascita del male, dell'incompatibilità con l'esistenza concreta; il tono non è mai concitato, preferendo attestarsi su un ritmo monocorde tendente al basso, a una forma non distante dalla commiserazione delle antipatiche vicende vissute: *"il distaccarmi/ [...]/ che disegna nell'aria/ la mia storia/ fino a ricadere/ su di una pozza sporca"*. Si tratta – com'è il titolo della poesia dalla quale sono tratti questi versi – di un metodo di confronto, di lettura di sé in relazione a dinamiche socio-ambientali. Prevalgono i toni scuri dell'inverno, del silenzio e della notte, accompagnati dal freddo frequentemente nella forma degli *"spifferi"*. Il poeta, che da più sfaccettature si è posto l'obiettivo di indagare ed espellere da sé quell' *"interiore spettro/ che nel mentre si burla"* si mostra già – in questo primo volume della tetralogia – così avviluppato a un'inquietudine totalizzante, descritta nei tanti brandelli che si appresta a compiere per – ce lo auguriamo – giungere a una più chiara comprensione d'insieme nel prosieguo poetico che lo definirà.

FABRIZIO SGROI (Ancona, 1981) ha esordito con l'opera *Fuori forma* (Italic Pequod, 2017) nella quale ha raccolto poesie e racconti dal piglio fresco e dai contenuti vari, radicati nella nostra consumistica realtà sociale. Come osservato nella nota iniziale a sua firma, questo libro contiene "un insieme di attimi, storie brevi disconnesse e diverse tra loro. Apparentemente. [...] Un insieme dei frammenti dalle forme più diverse di attimi di vita". Il contesto delle liriche è prevalentemente *urban*, in una non meglio definita città della quale il Nostro ricalca la presenza di luci, semafori e autovetture svettanti come pure di persone che passeggiano, corrono o semplicemente vanno da qualche parte. Persone che sono per lo più interconnesse tra loro per mezzo di dialoghi spesso sterili e da voyeuristiche intromissioni. Il minimalismo della tecnica poetica si coniuga bene con l'impellente e continuo interfacciarsi a una realtà sfumata, che sembra svanire, difficile da cogliere completamente e nella quale l'io lirico, pure, è auto-sottoposto a continue domande. Tutto può risultare valido per cercare di trovare una possibilità di risposta ai dilemmi e il mezzo televisivo (con la figura dei giornalisti più volte richiamata) e lo specchio, quale superfice che riproduce una realtà, vengono interrogati dal Nostro sebbene non si giunga mai a una soluzione dei dilemmi personali, semmai a una distorsione o a un'amplificazione. Una considerevole parte di liriche sono tradotte anche in inglese da Matteo De Carolis; si segnala, inoltre, l'evidente fascinazione del Nostro nei confronti di un *american way of life* appartenente alle decadi passate (le figure del saloon, del barman) e iconizzata nella lirica con la quale immagina di trovarsi in India al cospetto di Allen Ginsberg, padre della *beat generation*, seguace di forme di pensiero sincretiche e di formule sapienziali orientali.

MATTEO PIERGIGLI (Chiaravalle, 1973) vive a Monte San Vito (AN). Per la poesia ha pubblicato i libri *Ritagli* (2015), *Ritagli 2* (2016), *Nostos* (2016) e *Laboratori Poesia Testi 2017* (2017) e *La densità del vuoto* (2019). Varie sue poesie sono presenti nelle antologie di concorsi nazionali ai quali ha preso parte. Sulla rivista di letteratura on-line "Euterpe" è presente con poesie e haiku.

La cifra stilistica di Piergigli è quella dell'essenzialità, sia essa materica – vale a dire nel numero di versi e strofe – che linguistica, ovvero lessicale, che tematica. Le riflessioni del poeta partono quasi sempre da un episodio fortuito, da un accaduto che, pur iscritto in una sua logica e ordinarietà, finisce poi per derogare la normalità, sviare, lambire altri mondi. In tale percorso di creazione poetica, nel quale non è difficile scorgere un animo abile nel cogliere gli istinti che è al contempo portavoce dei significati intimi dell'inespresso, lo scenario privilegiato di questi testi è la città, con i suoi non luoghi di negozi e strade, finanche la casa. Non è questa, però, una frivola dimora intesa quale sibillino coacervo di privato ma, al contrario, esperienza di un vissuto che s'anima con l'accadere delle cose, il riaffiorare della memoria, la produzione di dilemmi inizialmente pesanti come macigni che poi, con assiomi veloci e basici, risolve con altrettanta naturalità amplificando il divario tra ciò che è il contenuto fisicamente visibile e l'assente che è inteso e cosificato in forme che rimangono inespresse.

Semplicità delle immagini che ci restituiscono diapositive linde sulle quali non si poserà mai la polvere, rese così iconograficamente perfette al punto da divenire ideali e semplificative, nello spiegare, nel rendere una circostanza calata in un tempo e uno spazio x, come avviene nell'avvincente e sintetica "Fernando": "*Fernando si radeva il viso/ come arava i campi./ Una voce rauca e una lacrima/ e tornava al tempo della guerra./ Occhi trasparenti/ e anima da contadino*". Un testo dal quale promana una nettezza visiva senza pari che non abbisogna di ulteriori formule aggettivali, spiegazioni o quant'altro perché, nella scaltrezza telegrafica dei sei versi, ben delinea l'immagine del pover uomo Fernando, contadino costretto ad andare a combattere in guerra.

Spesso i pensieri dell'uomo trovano risoluzione in versi di chiusura lapidari e inesorabili, pronti a scalzar via dall'intrico intellettivo qualsiasi dubbio come quando in una poesia osserva convinto: "*I pensieri svaniscono/ solo l'amore non scade*". L'autore ci parla della sua "*vita fatta di punti/ cuciti in uno strappo/ impossibile da riparare*", di solitudini, dolore, del tempo che passa, ma anche dell'amore e del suo impellente bisogno. Sono, in ogni modo, tematiche che Piergigli non universalizza ma lascia ben strette al suo personale e ordinario percorso esistenziale. Centrali appaiono le immagini di crepe, rughe, varchi non meglio identificati che sono appunto dei possibili punti di fuga o di attraversamento per cucire i tragitti tanto fisici nell'ambiente cittadino quanto ideali, relegati al mondo del possibile e dell'ipotizzabile. Ci sono poi "*il giardino/ dell'inverno*", "*le serrande serrate*", i "*sacchi gialli della Caritas*" e addirittura "*un dopobarba economico*" la cui marca dovrebbe risultare nel titolo della poesia, ovvero "Rockford", flacone il cui ricordo traspone il poeta a un'età andata, quella in cui, appunto, vedeva il padre farne uso. La memoria affiora come una sensazione di languore alimentare che "*Ti segue con i ricordi e la tristezza del passato*".

Fanno altresì capolino nella poesia di Piergigli elementi che consentono di descriverla come istrionica, facile al riso, improntata anche a una sana e pur sempre pacata ironia, quell'impostazione che, senza mai forzare, ci consente frequentemente di affrontare la vita in maniera meno tortuosa. Così la lama dell'ascia che si spezza in "Radice" dà modo di caldeggiare nell'io lirico un'improbabile verità che, per quanto divertente, è essa stessa motivo di considerazione quando riferisce in merito alla possibilità che "*l'acciaio [sia] colato con gli scarti*". Oppure la freddura di quei "*cimiteri parroci di campagna/ dove non passano commessi/ viaggiatori*".

La poesia di Piergigli è smaliziata e autentica, fatta di elementi domestici, spesso stratagemmi per divagare e riflettere, entità più o meno durevoli con le quali si interfaccia, beni di consumo o mezzi diffusi per rendere più agevole la vita dell'uomo. Una poesia che fa sua la massiccia oggettivizzazione che la realtà, volenti o nolenti, impone e che non ha nulla a che vedere con i toni mesti delle "piccole cose di pessimo gusto" di crepuscolare memoria, piuttosto con quel procedimento teso a ribaltare, storcere, destrutturare, tipico del noto realismo terminale.

Si osservi con attenzione la precisione tecnica e strategica che Piergigli adopera nel nominare tali beni fornendone marca o caratteristiche su dove li ha acquistati, elementi, questi, che in un qualche modo accrescono un senso di stordimento e di vera alienazione nell'universo impersonale nel quale ci troviamo: "*una confezione di panni/ da sessanta della SWIFFER*", "*d[a]l BRICO anconetano/ un'ascia in acciaio temperato*". Gli oggetti – privi di una loro vita – definiti in maniera impeccabile tanto che si distinguono dai loro simili, finiscono per assumere quell'identità univoca e riconosciuta che invece all'uomo, per le mille ragioni che qui sarebbe difficile elencare, si vede stingere, sfumare, sfibrare. Infatti anche quando una parvenza umana è richiamata (come "*l'idraulico Manzotti*" nella poesia "24/10/2017") essa non è tanto significativa in quanto alla sua personalità, identità, animo, piuttosto per la sua professionalità, per il suo lavoro: Manzotti non è un uomo, è semplicemente un idraulico e, in quanto tale, potrebbe anche essere Panzotti o Minzotti. Il nome, in questo caso il cognome, non definisce la persona, ne dà semmai un'attribuzione di senso che a noi lettori arriva come superflua e inconsistente, se non addirittura quale un nonsense gratuito.

Questo discorso non è contraddetto dalle liriche col titolo di nomi di persona che, nel corpo della poesia, per fugaci pennellate tentano di affrescarci alcune esistenze umane. C'è Bojana, la donna dell'est, c'è Federica che, pur attraente, sembra malata, c'è Lorenzo l'elettricista che dà luce alle case, ma anche il suo animo è sazio di lucore?, c'è Olena che *"lavorava nella cenere/ pesante dell'industria"*. Una comunità variegata e multiculturale, quella che Piergigli tratteggia, dove risulta complesso isolare forme o elementi di rilassatezza, pace con sé, di autentica felicità e soddisfazione. Persone, ancora una volta, delineate nella loro solitudine, prive di legami con un'alterità sociale che l'autore ci dona – per mezzo del suo verso veloce e icastico – per descrivercele solo in relazione a ciò che fanno (Lorenzo l'elettricista, Bojana che *"impasta pane condito/ da un poco di vita"*) o a ciò che, nella dura realtà del presente, hanno subito (Federica è malata, Olena è fuggita, non si sa dove, o forse è addirittura morta).

Così questi brevi brani dove narrazione e riflessione si fondono per dar costruzione ad ampliamenti riflessivi nonché scavi nell'interiorità si ritrovano tutti i tratti di una realtà codificata e spersonalizzante, caotica e fredda, che sembra aver mangiato se stessa, fatta *"[d]i semafori [che] cambiano colore/ [mentre] il Brent sale, le strade/ restano sfondate"*, dove si pensa solo alle noiose scadenze come *"la TARI del Comune"* e s'attende qualcosa che non giunge, lì, *"alla fermata del 6"*. A ciò si aggiunge il tocco visionario che fa l'io lirico dispettoso e divertente al limite dell'inaffidabilità: ci informa delle *"scosse dal vento/ [del]le tende divelte/ [che] stremano le ante"*, quale segno di un tormento ingestibile e, con altrettanta spontaneità, ci fuorvia con fatti inconsistenti: *"Il meteo dice che forse pioverà"*.

Incisività e perturbazione sono i concetti che potrebbero essere addotti per delineare, col beneficio di una lettura che è sommaria e scantona l'opera omnia[65], la recente produzione del poeta **LORENZO FAVA** (Ancona, 1994). Le immagini forti, nevralgiche e icastiche delle sue poesie arrivano in maniera distinta nel lettore con quell'energia atavica e preponderante con le quali l'autore le ha sentite, pensate e congegnate. Se ne ravvisa una terminologia che predilige accostamenti non lineari, costruzioni che, come in un incalzante climax, accentuano la loro forma, intensità, provvedendo alla costruzione di una peculiarità propria. Certi versi sembrano addirittura urlati, modellati per avere la forma di un'invettiva lancinante o una condanna aspra nei confronti di un qualcuno imprecisato in cui pare di vedere tanto l'io intimo dell'autore quanto un io altro che possiamo essere noi o il non noi. La costruzione morfologica sembra inappuntabile, la sintassi adopera terminologie che potremmo definire apoetiche, irrilevanti in termini di suoni, rimandi sofisticati o simbologie da sviscerare, eppure l'istantaneità dei momenti, tormentati o meno, che Fava incide sulla carta è accurata e al contempo modesta, curiosa e interpretabile, dai toni per lo più foschi ma che parlano di amore nel tempo e del presente che s'affossa su un tempo lieto che sembra ormai irrecuperabile.

Mi pare senz'altro opportuno sottolineare come quell'immagine-concetto reiterata nelle sue liriche della

---

[65] Il commento che segue, accompagnato da alcune poesie dell'autore Lorenzo Fava, è stato pubblicato sulla rivista "Lettere e Filosofia" il 09/05/2018 ed è disponibile al link: http://www.letterefilosofia.com/licenza-di-uccidere-poesie-di-lorenzo-fava/

crepa, della ferita, della scissura possa essere letta in chiave ben più ampia quale un malcelato intendimento proprio dell'autore: un procedimento stilistico e formale figlio di una concezione poetica quale atto di necessità, sintomo d'urgenza e richiamo al tracciare le vicende e le loro trame nel taccuino della vita. Centralizzata a indagare i motivi liminari, le occasioni di distacco, gli istanti incipitari alla costruzione di un dolore e a ispessirne i toni, per il gran carico emozionale che ha coinvolto quei periodi di cambiamento indotto o voluto. Ecco, allora, che, se da una parte l'humus delle liriche sembra essere contraddistinto da magmi inespressi, tormenti esistenziali, linguismi che si vestono di una sintassi in qualche modo bellica e cruenta, che l'attenzione non va posta in queste costruzioni di chiaro impatto e d'innegabile forza, piuttosto nel tentativo, pur vacuo che sia, d'individuazione di un destinatario, del monito che sottende il testo, sia menzogna o rivendicazione, lamento o indignazione. Si tratta, com'è ovvio, di riprovazioni spesso personali, di stati emozionali tormentati e vibratili che hanno pregnanza soprattutto per chi li scrive ma che il lettore può abbracciare, condividere o, comunque, tendere a un suo piano ermeneutico, più o meno confacente agli intenti del poeta. Difatti, come osserva in "Poeta": "*la poesia non ha padroni o intermediari,/ appartiene a chi la pensa/ come un muro appartiene a chi ci orina*". L'esempio più chiarificatore della sua poetica può essere considerato una lirica estratta dalla sua prima raccolta, *Licenza d'uccidere* (Ed. cinquemarzo, 2017) dove l'impetuosità del testo che ci parla di 'sarcofagi', 'ecchimosi', 'ematomi', 'buio', 'spaccature e 'ferite' non ne permette la discesa agli inferi, nel maledettismo propriamente detto del poeta contemporaneo, dacché – come da controcanto – le parole chiave, che rivelano senso e costruiscono la situazione, sono da ricercare nei lemmi 'giorno', 'luminoso', 'estate', 'labbra', 'cielo'. Se c'è una cortina di cupezza, questa non è mai il contenuto dell'opera, semmai la cornice filamentosa e anfibia dalla quale i pensieri e le riflessioni s'originano per giungere a un messaggio netto e sentito: il bisogno d'amore e l'insopprimibile forza del ricordo.

Quella di Fava è una "*tensione/ annodata, curva, rigonfia*" vale a dire un nervo teso pronto per la flessione e la trasmissione di impulsi. Non è lo spazio illimitato di un campo edenico e assolato, piuttosto è un angolo del muro consunto, il divario che si staglia tra una barra e l'altra dell'arrugginita palizzata che divide lo spazio e allunga lo sguardo. Difatti la sua poesia, pur rivestendo un concentrato di carne, vita, sangue, ferite e umori vitali, si pone come struttura granitica e inscalfibile, essa è ferro ("*la spada del verbo [che] sfibrerà la giugolare*), per la potenza del suo linguaggio, ma è anche metallo prezioso che nelle sue proprietà che lo rendono opulente svela il vero: se stesso e il tormento che l'avvolge.

MICHELE VESCHI (Senigallia, 1983), diplomato all'Istituto Nautico "A. Elia" di Ancona come perito nautico nel 2002. Ha frequentato corsi di scrittura creativa a Civitanova Marche nel 2014. Già autore presente in diverse antologie di narrativa tra cui *Un piccolo infinito mondo tondo* (2016), *Racconti in Libertà Centro* (2016) e *La Semantica del crimine* (2016) e sulla rivista di letteratura on-line "Euterpe", ha pubblicato il romanzo *Smacco ai cinque cerchi* (Ventura, 2018). Sue poesie sono presenti in antologie tra cui l'*Enciclopedia della Poesia Italiana* (2016) edita dalla Fondazione Mario Luzi.

CINZIA PERRONE (Napoli, 1973) vive a Jesi dal 2008. Per la poesia ha pubblicato la silloge *Tesi verso la vita* all'interno della raccolta *Fetch* (Aletti, 2017) e *Capelli al vento* (Eracle, 2017). Autrice maggiormente incline alla narrativa per la quale ha dato alle stampe i romanzi *Mai via da te* (Montedit, 2017), *L'inatteso* (Marco del Bucchia, 2017) narrazioni queste che hanno uno sfondo rispettivamente personale e storico. Ha pubblicato anche la miscellanea *Annotazioni a margine* (LFA, 2018). La poetica della Perrone predilige il verso libero dalla conformazione lunga, al punto tale da ravvisare in maniera netta la sua tempra maggiormente prosastica, piuttosto che lirica. Ricorrono nelle sue poesie quesiti di carattere esistenziale e di matrice retorica, ma anche quadri poetici la cui attenzione è relegata al mondo domestico e familiare, nonché alla rievocazione di ricordi, più o meno piacevoli. Un'ultima esigua parte contiene, invece, alcune liriche nel tipico e verace dialetto partenopeo di cui segnalo la poesia "Mai via da te" dedicata al fratello prematuramente scomparso che a sua volta dà il titolo al romanzo breve che narra le vicende legate a quel drammatico avvenimento.

FABIO STRINATI (Esanatoglia, 1983) poeta, artista visivo, fotografo e compositore, direttore della collana di poesia per le Edizioni Il Foglio. Ha pubblicato *Pensieri nello scrigno. Nelle spighe di grano è il ritmo* (Ass. Culturale Il Foglio, 2014), *Un'allodola ai bordi del pozzo* (Ass. Culturale Il Foglio, 2015), *Dal proprio nido alla vita* (EIF, 2016), *Al di sopra di un uomo* (Ass. Culturale Il Foglio, 2017), *Periodo di transizione* (Bibliotheca Universalis, 2017), *L'esigenza del silenzio* (Le Mezzelane, 2018 – con Michela Zanarella), *Sguardi composti… e un carosello di note stonate* (2018 – con Italo Truzzi). Di Strinati la critica ha messo in risalto il nutrito e indissolubile legame tra i suoi due campi d'espressione: musica e poesia, ambienti comunicanti e indissolubili dall'alba dei tempi. La poetessa e aforista Laura Margherita Volante, nel libro *Ti sogno, terra* (Quaderni del Consiglio Regionale, 2017) così si è espressa in merito alla sua attività interdisciplinare: "Come il grande compositore Luciano Berio, nella sua ricerca artistica, è riuscito a connettere vari linguaggi espressivi realizzando la sua opera multipolare, frutto di idee ed esperienze, così Fabio Strinati ha intrapreso un percorso artistico musicale e poetico ove uno si introietta nell'altro. Se per Luciano Berio lo spartito musicale carpiva il linguaggio della letteratura, per Fabio Strinati la situazione si capovolge, ovvero la poesia viaggia sui righi dello spartito musicale".[66] La sua doppia veste di poeta e pianista lo ha portato ad esibirsi in spettacoli teatrali con vari artisti tra i quali Maria Rosaria Omaggio, Valeriano Anastasi e in performance. Secondo Gianluca Bocchinfuso Strinati "usa le categorie della musica per lasciarsi guidare tra i significati delle parole e le armonie che realizzano".[67]

---

[66] Laura Margherita Volante, Ti sogno, terra, Quaderni del Consiglio Regionale, Ancona, 2017.
[67] Rivista "Segnale" n°105.

Appendice

PAREIDOLIA DI LORENZO SPURIO: LA FORMA IMPOSSIBILE E L'IMPEGNO CIVILE

A cura di Lucia Bonanni

Riconosco quel che uno
immagina del già esperito
ma annullo me stesso e
sbraito negli attimi ineguali.

La *pareidolia*, parola derivata dal greco e composta da "immagine" e "vicino", è un'illusione, un istinto a cui non ha accesso la coscienza cioè la consapevolezza che attiene ai contenuti esperenziali della mente. L'illusione pareidolitica può definirsi un miraggio, un'azione inconscia in grado di interagire oppure creare dissonanze e conflitti nei processi mentali. Tale attività è riconducibile a una meta-cognizione che in termini epistemologici si aggancia a specifici modelli di riferimento. L'inconscio non è accessibile dal soggetto, ma può essere indagato tramite tecniche adeguate quali la psicoterapia ovvero la "cura dell'anima", l'ipnosi, i messaggi subliminali che possono dare vita anche a fenomeni di *pareidolia* acustica oppure all'illusione ottica, gli *emoticon* che si usano per esprimere un'emozione, le nuvole, le macchie lunari, le immagini che si notano sui muri oppure i fantasmi che appaiono nelle fotografie. Secondo la teoria junghiana è la struttura psichica dell'individuo, un apparato che trae origine dalla rimozione dei contenuti, intesa quale meccanismo di difesa, oppure può essere un inconscio collettivo e parte dei vari strati esperenziali del genere umano.

La percezione nella forma pareidolitica conduce a vedere forme e strutture conosciute in oggetti e profili in forme disordinate e casuali. Ad esempio nel massiccio del Gran Sasso è riconoscibile il profilo di una giovane dormiente, "La Bella Addormentata", scenario maestoso da cui si sprigionano suggestioni inconsuete, nello stretto di Messina si può osservare il fenomeno della Fata Morgana, una forma di miraggio con riferimenti alla mitologia celtica e che distorce gli oggetti. Pertanto si può affermare che la silloge *Pareidolia* (The Writer Edizioni, Morano Principato, 2018) è compendio di tale realtà fenomenologica come pure di tutte le altre opere di Lorenzo Spurio, dalla narrativa, alla saggistica e alle raccolte poetiche.

La sua Musa ispiratrice è Euterpe ossia "colei che rallegra", una delle Eliconie, figlie di Mnemosine, Dea della Memoria. Da Esiodo sappiamo che Euterpe era la Musa della Poesia Lirica ed era rappresentata con un *aulòs*, il flauto, oppure col *diaulòs*, le tibiae, strumenti aerofoni in osso ad ancia singola e doppia, usati nei cortei e nei simposi e accompagnati dalla lira e dalla cetra e dal ritmo cadenzato di rametti di mirto e alloro, piante della tradizione mitologica, associate alle divinità femminili, alla fecondità, alla vita, alla gioia come pure alla gloria. Nella lirica "D'Euterpe" (non inclusa nella raccolta *Pareidolia* e a tutt'oggi inedita) Spurio immagina che sul far della sera la Musa ama vagare in un ambiente arboreo mentre *"le bacche pungono il piede candido/ (e) l'erica rossa/ lo solletica e lo contorna"*. L'aggirarsi di Euterpe tra i rami del bosco richiama il mito di Pan, il fauno delle foreste, che mediante urla spaventose domina l'ambiente e *"gli scherzi più amari"* cerca di sedurre le ninfe e anche la Musa che per sfuggire alla vicinanza insidiosa del satiro, chiede di essere trasformata in lauro come la dea della vegetazione Gea o Tellure aveva fatto con Dafne per salvarla dalle profferte amorose del dio Apollo. A differenza delle sue sorelle che amano indossare *"vesti colorate"*, Euterpe veste un gilet di corteccia, volando *"in ogni pianta"* e gettando sassi nella sacra acqua del fiume *"per vedere i cerchi concentrici"* che più ama, però non si specchia nei gorghi correnti, ma al pari di una melodia silvestre ne ascolta il mormorio fluente. Protetta dall'arco che poco adopra, la Musa si delizia con l'armonia, concedendo alle libellule di arricciare la sua bella chioma che scrolla al passaggio del *"burbero boscaiolo"*. E quando la dea Matuta *"si presenta tra griglie verdi"*, lei, *"d'Euterpe forma"* si affida alla sapienza della sorella Urania che tutto conosce dei misteri del cielo e davanti a una platea di alaude e castori compie *"il rito che necessita"* in onore del dio Sole.

Nel video proiettato durante la prima presentazione di *Pareidolia*, svoltasi presso la Sala Maggiore del Palazzo dei Convegni di Jesi (AN) il 7 ottobre 2018[68], con mirabile abilità scenica e recitativa Michela Tombi si fa interprete e personaggio in forma di Euterpe e s'immedesima talmente tanto nel proprio ruolo da conferire vitalità ai versi di Spurio, esaltando l'aspetto bucolico della lirica e richiamando aspetti ancestrali del vivere. L'abito lungo color carminio, il mantello di giallo vivo e la bella chioma rossa e fluente della poetessa, oltre alle dame dei poemi cavallereschi, fanno venire in mente un aforisma in cui la poetessa dei navigli, Alda Merini, afferma che la poesia non è disperazione, ma è

---

[68] Alla presentazione del volume, oltre alla sottoscritta, sono intervenuti il filosofo Valtero Curzi, la poetessa Rosanna Di Iorio, il poeta Elvio Angeletti e il cultore locale Stefano Bardi.

una donna e ha la chioma rossa, segno e tonalità vivida della passione e dell'ispirazione poetica.

Così scrive Nazario Pardini a commento della lirica "Un susseguirsi di immagini e azioni che riguardano da vicino la vita di Euterpe. E il poeta con tutta la sua ricchezza verbale scorre sul tema, rendendolo agevole e fluente; visivo, direi, per gli accostamenti panici che contribuiscono non poco alla concretezza e all'armonia del tessuto lirico".

Non esiste una definizione univoca di poesia perché ciascuno ne dà un parere diverso ed esprime il flusso dirompente delle sensazioni e delle emozioni dettate dal momento. Prendendo come punto di partenza il testo di Spurio, si può vedere che la divisione in capitoli segue un ordine ben preciso che si delinea su una verticale che va dal basso verso l'alto, dalla catabasi all'anabasi, dal concreto all'astratto. Volendo fare riferimento alle forme artistiche che più si avvicinano alla poesia, la pittura e la musica, ma anche la fotografia, si nota come da una forma visiva si è passati a una forma astratta, surreale e metafisica come la poesia dalla forma lirica, epica e drammatica è giunta a quella cubista, passando per impronte futuriste. Quindi anche i generi poetici hanno trovato nuove fisionomie e collocazioni all'interno di un unico insieme, ravvisabile nella poesia civile.

La multidisciplinarietà e l'universalità della poesia civile o sociale, giusto come scrive Spurio nel saggio "La poesia civile e l'esigenza della luce nella barbarie comunicativa"[69], oltre all'ispirazione poetica e all'aspetto celebrativo si dirama in ambiti disciplinari, attinenti alla società e alla morale quali

---

[69] LORENZO SPURIO, "La poesia civile e l'esigenza della luce nella barbarie comunicativa", in "Oubliette Magazine", 08/01/2016, http://oubliettemagazine.com/2016/01/08/le-metier-de-la-critique-la-poesia-civile-e-lesigenza-della-luce-nella-barbarie-comunicativa/

la sociologia, l'antropologia, la psicologia e la psichiatria, la pedagogia, la religione, la geografia e la geopolitica.

Nel testo di Spurio la prima sezione "Affossamenti" è la parte concreta, atavica, primordiale, che si evolve nelle "Ecchimosi", transita nella parte della "Dedicatio" e termina nella parte illusoria della forma che è "Pareidolia". Questo moto ascensionale può essere avvicinato al cammino intrapreso nelle tre cantiche della Commedia dantesca oppure a un viaggio che l'autore compie all'interno del sé, partendo da quelle che sono le zone d'ombra e mediante la purificazione dell'animo giunge alle zone di luce.

Non si può certo affermare che "Affossamenti" e "Ecchimosi" siano privi di ramificazioni di patimento e sofferenza, visibili anche in "Paredolia", ma in "Dedicatio" la componente del soffrire è più immediata, epidermica, capillare, ematica e le poesie dedicate si rivolgono sia a persone decedute per cause naturali sia a quelle che hanno visto la fine della loro esistenza a causa di atti violenti come il suicidio e l'assassinio.

Il tema dell'acqua e quello della morte fanno eco ai componimenti seriati per "Affossamenti" e "Ecchimosi" per vari aspetti comportamentali si agganciano ai contenuti dei testi precedenti di Spurio: *Neoplasie civili* (Agemina, Firenze, 2014 – poesia) e *Cattivi dentro. Dominazione, violenza e deviazione in alcune opere della letteratura straniera* (Helicon, Arezzo, 2018 – saggistica). In quest'ultima opera l'autore disserta su "Il suicidio come liberazione dal male", "La perdita del guinzaglio della psiche" e "Il proposito del bene e la forza del male". Antonia Pozzi, Alfonsina Storni, Amelia Rosselli sono le poetesse che hanno seguito il medesimo destino per essere state oggetto di suicidio diversamente dal Giudice Rosario Livatino e Federico García Lorca che sono vittime del potere, dell'ideologia e della violenza, temi che si distinguono nei capitoli e nei componimenti dei testi citati, mentre per il torero Victor Barrio, il discorso assume diversa valenza in quanto rientra in un tipo di cultura folklorica che per essere compresa, richiede di essere studiata a fondo. Alda Merini, nonostante le tante tribolazioni e gli stati di delirio, facendo perno sul dono della poesia è riuscita e tenere ben saldi i cilindri di una mente labile e traballante, come pure Renato Pigliacampo, "Guerriero del Silenzio", che della propria sordità ha fatto ragione di insegnamento di ciò che ha dovuto sperimentare di persona. *"Una fiamma che scalda e non brucia"* è per Spurio lo scrittore italo-brasiliano Julio Monteiro Martins, prematuramente scomparso, e anche per il sindaco-poeta di Macerata Gian Mario Maulo l'autore scrive versi affettuosi.

Quella del *foglio bianco* è una sindrome legata al furore di scrivere, istanza che investe il poeta, provoca ansia e induce a non lasciare la pagina intonsa. *"Il poeta tinteggia di fucsia/la pagina arsa,/ne rivive la trama di filigrana/in scandagli endoscopici di forme"* (poesia "Davanti a un frigo"). L'emblematica vivacità del fucsia dice del voler fare ed essere poeta, un uomo né diverso e né uguale agli altri, un individuo capace di estraniarsi per guardare con *"scandagli endoscopici"* quel reticolo umano, qui assimilato con la trama della carta in filigrana di emozioni che scorrono all'interno di un tessuto connettivo dove ogni cellula non è che la sillaba che dà ritmo e tonalità ai singoli componimenti.

Raffinato studioso, Spurio non manca mai di coltivare l'amore per la Natura e ogni espressione dell'Arte in cui rinviene ispirazione e conforto insieme a quelle fonti visive e, forse, anche profetiche e visionarie. Per il Nostro la poesia è uno spazio emozionale, un giardino in cui poter cogliere le vibrazioni dello spirito e tracciare gli itinerari del paesaggio esteriore, riflesso e trasfigurato in quello interiore e questo perché ogni suo verso è mezzo e strumento per trasfigurare e ricreare la realtà con l'uso della parola. La costruzione sintattica e l'espressività, lo stile e il linguaggio, l'originalità creativa, la musicalità discreta e mai accentuata, la forza evocativa delle immagini, la varietà dei temi e la disinvoltura usata nella metrica e nelle diverse figure retoriche in cui si distinguono la metafora, la comparazione, la similitudine e la personificazione sono i parametri usati per dare rispondenza ai contenuti e legare in sinergia linguistica i quattro capitoli, facilitando la lettura e dare compiutezza alla silloge.

La suddivisione della silloge in "Affossamenti, Echimosi, Dedicatio e Pareidolia" evidenzia le riflessioni tematiche in cui Spurio dà ancora prova di scrittore fecondo e verace che mantiene autentico e riesce a gestire ciò che rientra nel tangibile e ciò che compete al reale. Nella lirica "Pareidolia", che denomina l'intero volume, l'autore, facendo uso di un linguaggio persuasivo, crea un tipo di dialettica che a seconda delle interpretazioni di senso può risultare ermetica e surreale al contempo. I dati sensoriali e gli argomenti di quelle che possono essere considerate come strofe che compongono il testo, offrono la possibilità di essere interscambiate nel loro ordine posizionale anche in relazione alle varie simbologie del colore, alla pittura metafisica e a un nuovo Wonderland dove spiccano *"tralicci d'angoscia verde"*, geometrie *"con angoli flosci e rette svanite"*, una *"cavalletta che/ appare e scompare"*, le *"meduse telluriche"* e le *"stelle compagne di falene"*. Al posto di Alice, che Carroll descrive come una bambina reale, qui c'è l'io lirico dell'autore che annulla se stesso e *"negli attimi ineguali"* del proprio immaginario riconosce ciò che è stato oggetto di rimozione psichica e in questo nuovo giardino *"il bonario abete che danza"* si assimila a uno dei semi delle Carte, i fiori o *clubs*, e rappresenta uno dei soldati a protezione dell'area verdeggiante mentre le picche o *spades* indicano la ragionevolezza e il buon senso nonché la capacità del Nostro di scavare nel proprio immaginario per ricavare indicazioni di scrittura. E la notte che *"siede sul trono del buio/(e) riscopre il bivio di ieri"* vira nella figura della Regina di Cuori mentre il poeta si ritrova al solito bivio nella scelta creativa dei versi. Da notare che in esergo alla lirica Spurio colloca i versi di Federico García Lorca di *Poeta en Nueva York* e per poter formulare una migliore interpretazione è utile attuare un'analisi comparativa con la poesia "Circonvoluzioni che non vedi" che in esergo denota alcuni versi di T.S. Eliot tratti da *La terra desolata*. Rispetto a "Pareidolia" tale lirica sembra intessuta con trame più concrete, riconducibili al colore del sangue e a quello del fuoco come pure al tema dell'acqua e ai segni legati alla terra con la presenza di piccoli mammiferi quali i capibara, apprezzati dagli Indios anche durante il precetto del digiuno quaresimale, *"vigilie infami di circhi senza crismi"*, e l'ermellino dalla bianca livrea durante il periodo invernale col nero della coda, assai ricercata per confezionare manti e guarnizioni *"moscate"* di nero e usata in araldica col nome di armellino. Infatti la "Dama con l'ermellino" di Leonardo da Vinci, mediante iconografie e simbologie pertinenti all'araldica, pone memoria alla congiura ordita contro Galeazzo Sforza.

Sappiamo come il sogno appartiene al soggetto e che nella dimensione onirica la morte richiama la vita, quindi nei versi di Spurio l'uccisione della *"creatura ovattata"* e il piccolo mustelide *"indossato"* dal re, accostandosi alle immagini del sangue e al *"figliare"* del fuoco, evocano la vitalità dell'essere anche in simbiosi con la Natura che nella pluralità alternata di materia e vuoto sa ascoltare e richiama l'Uomo alla realtà delle cose e gli spruzzi d'acqua cercati *"per un ristoro tra canti e biastime"* ossia negli allegri convivi oppure in dipendenza alla fatica del lavoro come le "biastime", gli improperi scagliati contro le avversità del fato.

Della Natura Spurio sa cogliere i ritmi stagionali e le tante manifestazioni con l'edera che *"filiforme e tentacolare s'allunga"*, il cielo *"tinto d'arancio"*, parla alle nuvole e osserva l'ombrello urticante della medusa che *"sotto la virile erezione del sole"* si appiattisce ed evapora nella *"spuma (che) inargenta la battigia"*, quando il cielo è chiaro e non piove con mani sapienti al limitare del proprio orto interra *"il seme della futura vita"* oppure quasi con apprensione ammira *"il ballo verde"* di un fico settembrino che sembra crescere troppo e non offre appiglio ad un tordo, costretto ad allontanarsi da quel verde *"speco"*.

Il soggetto della Gorgone, dalla cui etimologia deriva il significato di *"protettrice e guardiana"*, è visibile nelle opere di Cellini, Rubens, Caravaggio e con i capelli a forma di serpenti, punizione inflitta da Atena alla Gorgone per essere stata amante oppure per aver subito violenza da parte di Poseidone. Nei versi del Nostro la medusa priva di una scheletro interno e composta per la maggior parte di acqua, diminuisce di consistenza, diventando quasi aereiforme per effetto del calore del sole, qui si connota quale archetipo del Maschile e dell'uomo sovrano. Quello descritto dall'autore è un sole pieno di orgoglio e di arroganza che nelle pulsioni erotiche non esita a sminuire l'essenza del femminile. Le belle immagini dei semi interrati e dell'albero che cresce in fretta, si fanno emblema della vita che si rinnova e si moltiplica, causando quei meccanismi di traslazione nella sindrome fisiologica del "nido vuoto", dovuta a uno stato psicologico di sofferenza da parte dei genitori nel momento in cui la prole lascia la casa paterna e nel "nido" si insinua la solitudine.

Per sua natura *"il poeta è un incauto inclemente"*, un essere che si spazia e si isola dentro filigrane di illusione e nella propria anima ricerca relitti di memorie che fa traboccare sulla *"pagina arsa"*. Nei due scritti "Sembianze del poeta" e Davanti a un frigo" l'autore focalizza l'attenzione sulla figura del poeta che in *"caleidoscopiche esplorazioni di vita"* rende possibile ciò che appare impossibile. Nella prima composizione la chiusa può sembrare avulsa dal contesto strutturale e oltrepassare i significati di contenuto. Però la parola *"freddo"* così prossima al verbo *"picchiare"*, i *"polpastrelli congelati"* e la *"lucertola stordita"* dall'aria iemale a cui si aggiunge l'immagine del frigo chiuso sono metafora di ciò che s'intende per *"il senso d'esser del poeta"* che pure dinanzi a una porta chiusa riesce a immaginare cosa può esserci al di là di quella. E è ciò che succede nell'idillio spaziale e temporale della siepe leopardiana che *"dell'ultimo orizzonte il guardo esclude"*, una vera e propria illusione ottica che è sipario e ostacolo alla vista e richiede fervida attività immaginativa anche per quel senso di vaghezza che aleggia intorno e l'assenza di un qualcosa annodato con la solitudine; pertanto l'atto di immaginare, *"io nel pensier mi fingo"*, conduce alla contemplazione dell'immenso e nella percezione sensoriale diviene conquista dell'infinito all'interno del proprio sé.

La divisione in capitoli della silloge si sviluppa su una perpendicolare di un climax ascendente, ordine voluto dall'autore per meglio definire la raccolta in senso qualitativo e dare testimonianza della propria capacita immedesimativa con i vissuti da lui descritti. Ma non è dovuto soltanto alla sequenza dei capitoli a dare spessore alla raccolta, ci sono anche le argomentazioni che di volta in volta diventano oggetto di attenzione da parte del poeta. "Affossamenti" riguarda la sezione che comprende la **poesia civile** propriamente detta, genere tanto caro all'autore che guarda la realtà del nostro tempo con disincanto e tensione interiore, un *modus operandi* che induce il lettore a soffermarsi sul virare dei versi e riflettere sul significato della materia trattata mediante un costrutto lessicale che non lascia a fraintendimenti. La proprietà lessicale di 'affossamento', dal verbo 'affossare', equivale ad 'avvallamento', 'fossato', 'accantonamento', 'insabbiamento' con i contrari di 'rilievo', 'altura', 'sporgenza'. "*Li ho visti lontani,/sciogliersi al sole*" riporta l'esergo in apertura della sezione con i versi del poeta maceratese Fabio Grimaldi e, infatti, gli argomenti cantati dal Nostro si imperniano su accadimenti distanti dalla nostra realtà geografica e per lo più sono concatenati all'elemento liquido, sia esso acqua di mare oppure di fiume, di "*anfiteatri (e) soglie d'acqua*". Nel componimento "L'acqua indocile" Spurio ci dice del Mar Adriatico che sobbalza e si pone in tumulto sotto il colle di Ancona alla cui sommità si erge l'episcopio di un "*santo accigliato*", San Ciriaco, che dall'alto loda il suo mare e "*tesse croci*" con le spume e le onde. È un mare, quello descritto dal Nostro, che "*ha succhiato il tempo*", creando una cesura lacerante e che impedisce il saper riconoscere il gradino di acqua, il livello limite della coscienza e, forse, del dolore e che nei rintocchi del presente appare diluito con altri liquidi.

"*Nel fluido (che) si dilegua*" l'affossamento di Aleppo è dato dal vermiglio ferale di un corso d'acqua che fluisce saturo di sangue, colore terribile che fa provare vergogna anche ai ponti, quando passa sotto le loro arcate. Al calore del sole le cellule si addensano in un coagulo putrescente, un bitume intrattabile che scorre via e non offre ristoro. Dalla descrizione del Queiq River, divenuto "*appiccicoso e rosso fuoco*", Spurio passa a immaginare un "*mare oleoso*" su cui naviga una zattera scricchiolante mentre egli affonda nei suoi stessi pensieri, facendo aggallare le antiche ninna nanne, oggi divenute "*litanie amare e senza fine*".

Il Mare Nostrum è via di comunicazione e offre riposo, ma talvolta si trasforma in un pelago ondoso dove affiorano "*ora qui, ora là/polpastrelli dalle impronte/slavate*" oppure può usare le rive come luoghi dove si consumano esecuzioni sommarie come quella dei ventuno egiziani copti "*alla battigia genuflessi*" per mano dell'Isis sulle sponde libiche. Nell'immaginario collettivo al colore nero è sempre associata l'idea della morte e "*ogni storia di morte ha un esordio ed epilogo/sconsolatamente identico e inarrestabile*". Spurio si sofferma sulle tante tragedie del mare e con sguardo lucido si chiede perché il Mediterraneo adesso è "*conca di morti (e) culla di dolore abissale*" che ingoia la vita e restituisce corpi inanimati, un "*mare canaglia*" intriso di odori disgustosi e molecole disperse. Mentre il sogno si fonde con la realtà in un dualismo irriverente, la speranza e la compassione raccolte in sacchi neri, allineati come fossero "*confetti luttuosi*" da offrire nel rito di passaggio al luogo dove Proserpina è regina.

Nella lirica "Iblid: la morte incolore" il Nostro ci parla dell'attacco aereo con sarin, potente gas nervino, sulla zona di Iblid, a nord della Siria, al confine con la Turchia, avvenuto nel 2017 per volere del presidente Assad. "*L'assassino incolore è arrivato*", ha reso affannoso il respiro di bambini "*adagiati e impauriti*" a causa di una belva invisibile, odio allo stato di vapore che ammorba l'aria che ha visto i primi respiri di quelle creature. "*Il morbo che intacca la cute (e) affatica il respiro*" è descritto anche in una video-poesia, mostrata durante la stessa presentazione del libro in cui l'interprete, la scrittrice Alessandra Montali[70], dopo averle

____

[70] La voce recitante è della scrittrice Elena Coppari mentre il montaggio video è curato dal poeta Elvio Angeletti. Le riprese sono state fatte all'interno del Castello del Cassero di Camerata Picena (AN) con il permesso della locale

tolte da una scatola, si gira tra le mani alcune fotografie di bambini siriani e alla fine, presa dallo sconforto, dà fuoco a un'immagine con impressa la carta geografica della Siria e un teschio con le tibie incrociate. La doppia valenza semantica e simbolica del fuoco, distruttiva e purificatrice, in questo caso assume potere di purificazione, rendendo libero quello Stato da ogni forma di male. "*Mi inginocchiai e baciai la terra/ chiedendole scusa;/impastai terriccio e saliva/e nel mentre dall'alto/ una pioggia acuminata/ mi infilzò dappertutto/e mi rigenerò*", sono i versi di "Colloquio", testo inserito nella sezione "Ecchimosi" e già presente in *Neoplasie civili* (2014). L'autore argomenta sul senso di vergogna che prova nei confronti della terra per i danni provocati dall'Uomo e dinanzi all'atteggiamento imperturbato e alla "*velata sufficienza*" ricevuti in risposta, volge lo sguardo verso il cielo, ma un raggio abbacinante lo costringe a guardare di nuovo la terra dove un "*viavai di insetti camminava ordinato*". Questo verso è immagine metaforica della vita convulsa che gli uomini, qui rappresentati dagli insetti, conducono sulla terra anche perché poco più in là si vede Atropo, una delle tre Parche, le Moire greche le Norne norrene, che inesorabile taglia i fili della vita e, stanca per tanto lavoro, si appoggia alla conocchia usata da Cloto, filatrice della vita, che passa nelle mani di Lachesi, dispensatrice del *fatum*, del destino di ciascun mortale. Dette anche Fatae, le Parche pronunciano vaticini sulla sorte degli umani. "E pianto, ed inni, e delle Parche il canto" (Foscolo, *Dei Sepolcri*, vv. 211-212) e la loro predizione non risparmia neppure i terremotati e il disastro di Chernobyl che Spurio ricorda in "Primavera a Prypiat. Il canto delle betulle". "*Qui la terra è offesa e non vuol essere, /si sopravvive allo sfacelo/ nel solo canto delle betulle*" mentre una luna tremante e impaurita si ripara tra le piante e ascolta l'urlo del

---

amministrazione comunale.

silenzio che sale da quel paesaggio spettrale, un lenzuolo sfilacciato dove la vita non è che vapore e la vegetazione affonda in "*humus tossico*" e minaccioso. Se a Chernobyl il lenzuolo si sfalda a brandelli, in Italia diviene di polvere e ammanta la terra squassata da eventi sismici "*Non so se dalle porte scardinate/ e dalle brune finestre strappate/ le anime siano già fuggite/ o se ancora dimorano nella pietra*", "*Un mostro iroso che ha fame/ senza volto, né occhi/ scia di vento che taglia*", è il pianto rituale che l'autore con animo affranto dedica ai terremotati del Centro Italia e all'amato paese di Visso, un antico borgo dei Monti Sibillini in provincia di Macerata da lui spesso frequentato con la famiglia quand'era ancora ragazzino.

Nel componimento "D'Euterpe" l'autore rammenta i cerchi concentrici per far risaltare l'immagine metaforica, contenuta nel testo. Come ben sappiamo, i cerchi concentrici sono due o più cerchi che hanno il centro in comune e in araldica ricordano i braccialetti dati in dono ai soldati romani più valorosi ovvero le armille indossate dalle dame in età medioevale. Concentrici sono i cerchi che si irradiano con moto costante dal punto in cui il sasso è stato gettato nell'acqua e le onde sismiche dall'epicentro del sisma. La linfa che scorre nei versi di Spurio è simile alle oscillazioni di un movimento ondoso che si crea al centro della mappa emozionale da cui si origina l'ispirazione poetica che poi si irradia nella poiesi. Nella propria limpidezza ciascun componimento è un apparato visivo, talvolta anche visionario, fluido, capillare e trasparente mediante cui l'autore articola l'istanza di fuggire la realtà e manifestare il proprio sentire. La "*risposta di liquidità*" a tale bisogno è una poesia nuova, ricca di immagini e allusiva, per certi versi anche spirituale, una creazione che amalgama i dati sensoriali della scenografia dei luoghi e dei paesaggi, attraversando le varie zone dello spirito e quelle dello stato emotivo. Inoltre

nei versi del Nostro si denota quel tipo di vitalismo che
richiama ricordi e formula *"lombrichi di domande/intrecciati e
compatti"* mentre lo spessore evocativo della parola si avvale
anche della prospettiva dello scorcio e l'uso drammatizzato
delle figure retoriche, delegate a creare un percorso di
iterazione tra il lettore e la veggenza di scrittura.

ANTOLOGIA POETICA

Rita Angelelli

Insano (cambio di voce)

Insano (cambio di voce)
Quando l'ho vista la prima volta
sono stato male.
Lei era rotta,
come si rompono
le ceramiche a capodanno
- frantumata sul pavimento -
ma era stranamente bella.
Dopo il primo impatto
ne fui affascinato
e la mia curiosità
ebbe la meglio
sulla ragione.

Mi ricordo che la guardai a lungo
e tutto quello che potei vedere
fu il dolore.
Aveva questo aspetto insano:
lividi e sangue,
il corpo martoriato,
eppure intrigante
nella sua disperazione;
i suoi occhi erano scuri e vuoti,
la vita sembrava
le fosse stata risucchiata fuori.

Così ho voluto raccogliere
i suoi pezzi.

L'ho rimessa in piedi
e ho fatto
tutto quello che potevo.
Tuttavia
qualsiasi cosa io facessi
non era mai abbastanza.

Mi sono guadagnato
la mia parte di ferite,
lungo la strada
della sua rinascita.
E tanto più cercavo
di riparare il suo male
più fragile diventavo io,
ma non m'importava.
Avevo bisogno
di vederla felice,
e ogni volta,
dopo che l'avevo fatta ridere,
riuscivo a pensare solo a quello,
e a come avrei voluto
vederla ridere per sempre.

In qualche modo sapevo
che anche lei lo voleva:
essere felice a qualunque costo.
Poi ha cominciato a stare meglio,
abbastanza per alzarsi e andare via.

Ha dimenticato di portarmi con lei.
Così sono rimasto seduto a lungo,
nel luogo in cui l'avevo trovata,
a chiedermi se i pezzi

lasciati sul pavimento
fossero i suoi oppure i miei.

Poi l'ho cercata,
non potevo più farne a meno.

(Da *Ceramiche a Capodanno*, Le Mezzelane, Santa Maria
Nuova, 2017)

Elvio Angeletti

Erano fiori[71]

Erano Viola e Margherita
profumate nel prato,
poi un vento gelido
le ha condannate
e lingue di fuoco senza saperlo
le hanno colpite.

Viola un giorno disse:
"ce la faremo"
Margherita pianse di gioia.

Era un gioco,
forse, una farsa
studiata da tempo,
da chi sprigionava
orrore e tempesta.

Puzzava di polvere,
il vento troppo forte
e di lì a poco
arrivò anche la morte.

Il prato pianse
Per quello scempio
e crebbero rose,
dal colore indeciso.

---

[71] Elvio Angeletti, *Refoli di parole*, Intermedia, Orvieto, 2017.

Era polvere,
volava leggera
e tra i fuochi
ed il canto del vento
si nascondeva la malasorte.

Erano fiori
nati nel prato
al primo sole di primavera.

Andrea Ansevini

Il Conero

Un altro giorno è da poco iniziato,
l'alba si accende all'orizzonte,
il sole infuocato dal mare sta spuntando,
spegnendo il nero della notte trascorsa.
Verdi alberi si stagliano verso l'alto
sotto il blu cobalto del cielo
circondati da gialle ginestre
lungo le fronde dei sentieri di montagna.
Il mare azzurro sotto assiste sciabordando,
impietrite due bianche sorelle osservano,
come suore inginocchiate a lui si genuflettono,
scivolando delicatamente verso l'acqua.
Silenziosi passi lenti che camminano,
rossi corbezzoli fioriscono sugli alberi,
farfalle multi colorate volano ovunque,
donando ineffabile bellezza agli occhi.

Una nuova giornata si è accesa in me,
spegnendo i pensieri della notte passata,
mentre cammino su questi sentieri
sospinto dal vento che leggero mi accarezza.
La natura mi ha circondato ovunque,
il cinguettio di uccellini mi accompagnano,
la mente viaggia da sola, il corpo pure,
mi sento un puntino in questo immenso.
Il buio calando mi ha intanto avvolto,
tra le rame intuisco la forma della luna,
il luccichio delle stelle mi affascinano,

donando visione da sogno per i miei occhi.
Domani una nuova alba dal mare nascerà,
su nuove strade mi troverò a passeggiare,
la notte mi ha portato consiglio qua sul monte,
quel monte che tutti chiamiamo "il Conero".

(inedito)

Marco Ausili

Guarda 'sta fascina
di giovani ormai un po' spenti
che la brucia il nostro tempo
e la paura della vita.
Li riconosci? Sono gli stessi
della vecchia scuola, del parco,
della piscina. Verso la *City*
qualcuno è partito con in bocca
certo *quontitative easing*,
altri verso la *South Carolina*
hanno spaccato la guaina
dei loro sogni, mentre aeree
compagnie, società per la produzione
del bitume, per la colorazione
del mare, per la ricostruzione
del guscio animale, offrono lavoro:
devi capirne dell'inghilese, devi
essere *willing* e molto *patient*.
Poi ti daranno i *pounds*
per l'affitto. Ma ora ascolta a me,
anche se ti parlo infilzato
nella storia che non ha voglia
della propaganda internazionale,
anche se preferisco la campagna
qualche palazzo antico, la rampa
silenziosa per la chiesa…
Io ti dico che ieri ho rivisto
il nostro vecchio campo da calcio
corso da altri bambini
che non eravamo noi ma certo

gli assomigliavamo tanto, e dico
che nonostante tutto bisogna restare,
restare, anche senza *volùntary
disclosure* e a mercati spenti
senza clienti russi o bùlgari…
perché restando si vede il tempo
che passa nei volti
di quelli che t'hanno cresciuto
nei bordi della nostra città
nei mondi che trasvolano dentro
agli occhi di questi fanciulli.
Solo questo passare
ci svela il senso della storia, che è poi
il senso di tutto e di noi.

(Da *Global Carmina e altre poesie*, Italic, Ancona, 2017)

Alessandro Centinaro

Canto del figlio

Io non so più, tesoro,
la mia vita cos'era
prima di te.
Fino ad ieri m'era sembrato
che sempre tu c'eri stato.
Prima un prima; poi il tempo dorato che insieme
tu mio frutto per me fosti il seme;
poi senza ragione – o senza io capire il perché –
questa strana e crudele stagione
del senza di te.
Tre sole stagioni di vita finora:
primavera di ogni possibile sorte,
poi l'estate del vero di luce che eri,
poi l'istante infinito di questa
tua tenera morte:
la quarta stagione, lo tempo, lo spero, lo penso,
sarà tenerezza e dolore d'un lungo
lunghissimo autunno del senso.
Persone più sagge mi dicono cosa
mi resta da fare, distrarmi, e ad altro pensare;
ma io non voglio, tesoro, distrarmi, e ad altro pensare;
mi sei dentro ancora più vivo e più forte,
ed è mia questa morte,
questa cosa impensata, ch'è entrata
nelle tue vene, ora è mia, m'appartiene,
e questa poesia (questa povera voce d'amore
che non sa più tacere) non la voglio finire,
ma disfare e rifare come l'antica e mitica tela

d'infinito incessante tessuto, perché in te insieme a te
son rinato e vissuto; fra le maschere tante della poesia
tu hai inventato la vita mia, e finché le parole
non si vanno a esaurire anche questa poesia
non vuol finire.
Non lo so, io, tesoro, se ci rivedremo, e di te
cosa sia: tu sei fatto
di quella sottile sostanza
dei sogni che volano volano via…
ma, pur contro ogni ordinato pensiero,
io lo voglio, lo spero;
e in qualche posto, fuor d'ogni porto,
e in qualche tempo, fuori dal tempo,
io ti cercherò:
sebbene senza corpo,
ti riconoscerò…

(Da *Varia materia dell'aria*, Lìbrati, Ascoli Piceno, 2017)

Mauro Cesaretti

Quando entra l'inverno

Le rondini volano
e dal cielo se ne va
quel colore azzurro
che porta la calma.
Un lutto si sente
nell'aria tiepida e
i nidi appaiono nudi
e frivoli. Non ci sono
suoni né pigolii,
né il sole né il caldo,
ma ci sono nuvole
alitanti sui muri delle
case, sull'acqua dei
fiumi immobili e sui
massi che giacciono
sbeccati per le strade
sterrate di montagna.
Intorno gli animali
giacciono in letargo,
le giornate si sono
accorciate e la pioggia
sommerge le città
desertificando le vie.

(Da *Se è Poesia, lo sarà per sempre*, Montag, Tolentino, 2015)

Valtero Curzi

Ti sento lasciarmi (a mio padre)

Ti sento lasciarmi
come il naufragio di luce
nel giorno dilatato
e l'amarti era come la foschia mattutina
dispersa ai raggi del sole
su per i colli illuminati
nel turchino intatto.
L'amarti è ora quel chiaro
d'ogni cosa naufragata
nella luce tua.

(Da *Il tempo del vivere è mutevole*, TraccePerLaMeta, Sesto Calende, 2017).

Asmae Dachan

Una manciata di terra

Ho rubato, per le mie radici recise,
una manciata di terra.
Ho colto con le mie mani
il rosso che ne racconta la storia
e accarezzato con lo sguardo
il tappeto di natura che mai avevo calpestato.
Mi sono inchinata per baciare le sue ferite
e respirare la sua gloria
e ritrovare me.
Io, sconosciuta a me stessa.
ho custodito il mio furto
come una reliquia
e la reliquia ora
abbraccia una terra per te straniera
tu che hai visto il tuo primo sole ad Aleppo,
e hai chiuso gli occhi lontana,
in una città dove io non ho sangue,
ma scrivo la mia storia.
Ti ho regalato il mio furto, la mia reliquia
perché tu possa dormire accarezzata da un velo
che non è da sposa, né da fedele,
ma di memoria e di identità.
Ora su quella collina
si fondono come due sorelle
la terra di Siria e la terra d'Italia
e abbracciano te, per sempre.

(Da *Noura*, Blu di Prussia, Monte Castello di Vibio, 2016)

Camilla Dania

Un rimedio contro il cielo grigio

Quella è la mia tazza di tè
un rimedio contro il cielo grigio
e una nottata buia
faticosa

Quella è la mia tazza di me
che bevo ogni mattina,
sorseggio i pensieri come se
dovessi dirigerli,
soffiarli contro vento.
Ogni sospiro è un singhiozzo del cuore,
ogni soffio sul liquido caldo
una brezza
sulla mia testa impantanata,
i miei sentimenti: impantanati
il mio cuore: stanco,
seppur giovane-
grida
d'aiuto acutissime
affondano il petto con squame,
il cuore vorrebbe uscire, batte impazzito:
aprite il portone,
voglio scappare da qui!

E allora apro,
apro le porte ma è come un torrente,
il letto del pianto straborda,
rompe le linee di me stessa,

rompe quelle di confine
fra me e

gli altri,
salvagenti sparsi

Poi mi richiudo,
ingoio il torrente come un riccio grasso,
mi piego tutta e m'impacchetto come un regalo,
non so a chi spedirmi,
non so dove dirigermi,
dentro solo il vuoto secco, sordo del mare

E allor ridisegno le linee, sottolineo i confini,
traccio la mappa della mia assoluta terra

Desolata
cerco scuse,
strappo germogli e li maledico,
sogno di fumare una sigaretta
e di sentirmi sporca
ma godente.

(da *E dritti devono andare anche i piedi*, Le Mezzelane, Santa
Maria Nuova, 2018)

Lella De Marchi

Omaggio a Nan Goldin

soltanto un mese fa il mio corpo era qualcosa
d'intero e giustificato, la mia pelle era liscia la curva
seguiva la curva la retta seguiva retta.
soltanto un mese fa il mio corpo era un insieme di segni
con sottoinsiemi era un sistema, efficiente e ben collaudato.
soltanto un mese fa sul mio corpo c'erano spigoli
angoli rientranze fessure macchie rigonfiamenti.
soltanto un mese fa nel mio corpo tutto era dove doveva.
anche
un'imperfezione era dove doveva, era un tratto era un
segno che lo distingueva.
non è solo il tempo a cambiare il volto
alle cose, non c'è solo il tempo cosmico e universale, il tempo
crudele che impone a tutti il nascere e il morire. c'è un tempo
umano e minore un tempo brutale che spacca
il tessuto del tempo cosmico e universale che spacca
la fibra che spacca la faccia che impone un'aggiunta
posticcia e assai dolorosa di spigoli angoli rientranze fessure
macchie rigonfiamenti. un surplus di dolore un
surplus d'imperfezione.
con altro tempo sopra quel tempo umano e minore
a raggiungere il tempo cosmico e universale il corpo,
persino il mio corpo, da fuori ritorna intero com'era.
con altro tempo sopra quel tempo umano e minore fino
a raggiungere il tempo cosmico e universale, potrebbe
sembrare che il corpo, persino il mio corpo, sia sempre
stato sempre e solo intero com'era.

(Da *Paesaggio con ossa*, Arcipelago Itaca, Osimo, 2017)

Lorenzo Fava

Poeta

E' già in ritardo sul passo,
conta sulle dita spellate l'accozzarsi degli accenti,
pensa che il poeta tenga sui palmi
un litro abbondante di drammi
appena disciolti, dice
che il tempo ha frontiere fiorite sulla calce
dei vincoli abbattuti,
sa che la parola è ferro,
è la palla pesante che picchia
muri, scadenze, limiti. La fioritura dei ciliegi
si vergogna al suo passaggio,
la sua identità non va indagata se percepita
in transito sul mare piatto o fra colli obliqui,
la poesia non ha padroni o intermediari,
appartiene a chi la pensa
come un muro appartiene a chi ci orina.

(inedito)

Marco Fortuna

Non sentire più

E se un giorno non riuscissi più a sentire la mia voce,
se non riuscissi più a sentire rumore di contorno…
Se non riuscissi più a dispiegare, perché non accorto o
capace,
pesanti matasse di fame, di voglie, di interessi…
che intricatesi mi attanagliano tra i giorni che si cuciono gli
uni agli altri,
i deboli ai forti… ogni giorno risoluti.
E se viaggiando in macchina o a piedi me ne accorgessi?
Di non riuscire più a sentire…
che a un tratto, goccia a goccia, nell'aria terminano i suoni;
il mio cuore lontano da ogni bocca
mescolerebbe, forse in un'unica impresa, estenuante,
verità o bugia?
Crederei che sia forse cosa buona, prendere carta e penna
per segnare con qualche becco o cerchietto d'inchiostro
cosa possa provare un sordo…
Sapere che nel sentire, nasce un giorno il timore…
di non poter più sentire un qualche giorno la propria voce.

(Da *Dimmi le parole*, Italic, Ancona, 2017)

Alessandra Gabbanelli

Mi ricordo

Velo maculato
di roseo sembiante
si adagia sul manto celeste.
E mi ricordo quand'ero chiarore
e i tuoi occhi vi si immergevano
come in lago di pace.

Voli geometrici
di vocianti gabbiani.
E mi ricordo quand'ero coraggio
e il tuo slancio mi raggiungeva
con ampi e sornioni sorrisi.

Pioggia odorosa
si insinua e dilaga.
E mi ricordo quand'ero conturbante mistero
e il tuo grido di creatura notturna
confortava la tenebra.

Crepitio di foglie
raggiunte da raggi ardenti.
E mi ricordo di essere vita pulsante,
bruciante inquietudine,
viandante mai paga di cammino.

(inedito)

Sabrina Galli

Armonico sussurro

Le mani dell'anima
sono caldo silenzio,
inoltrato dallo sguardo
nell'astrale ridda estiva
che trapunta
il chiaro firmamento della notte.

Mani che posano
sulla gruccia di un ricordo
imprecise immagini
ingiallite in una dispersa traccia,
nei palmi schiusi del tempo.
Anche allora, allora come ora
mi smarrivo
nel cielo notturno.

Era chioma
di betulla danzante
la giovane età.
Filtrava tra i rami
come luce dorata.
Nel forte chiarore
l'adolescenza
ingentiliva l'asfalto.

Albeggiavano dal volto
fragili cristalli.
Tintinnavano, si urtavano,

si schiaffeggiavano, si disperdevano
i timorosi fremiti
di una femminile metamorfosi.

Eccole ora le mani dell'anima!
Eccole nell'attuale presente"
Eccole in me nella cognizione
di essere donna e madre
oltre il diafano vetro
delle memorie
ammantate dal vivere.

Uno scialle a cui lavoro.
Amore e passione
come ferri
che si sfiorano
in un armonico sussurro
ad ogni punto
della trama che incede
verso l'ignota sorte.

(Da *Emozioni tra Fiori e Pietre. Componimenti poetici*, Ass. I
Luoghi della Scrittura, San Benedetto del Tronto, 2017)

Fabio Grimaldi

Il peschereccio imbarca acqua

Il peschereccio imbarca acqua,
non c'è più tempo,
in un secondo tutto è già inghiottito, perduto:
la luce, i bisbigli, il calore di un bacio,
il tenersi per mano, lo scambiarsi uno sguardo…
il tempo è un'ombra allucinata,
interrotto da un silenzio di marmo.

Inabissato il grido degli intrappolati vivi.
L'oscurità entra negli occhi.

Il mare è una bara.

Vestiti, scarpe, portafogli,
cellulari, agendine, fotografie,
medicine, giocattoli, iPod, cuffiette,
ciabattine, fogli scritti a penna…

Chi riconoscerà questi oggetti
riesumati dai loculi marini?
Verranno custoditi?
A chi si dovrà chiedere perdono?

(da *Gazzella. Canto infranto di un migrante*, LietoColle, 2017)

Francesca Innocenzi

Andria-Corato, 12 luglio 2016

di tanto schianto
 resta ferraglia in intrichi d'ulivo
mentre la vecchia nel campo miete il grano
e l'orologio il binario il capotreno
eseguono gli ordini della padrona

ho lasciato il cuore nella terra rossa
tra lamiere e spighe è sbocciato un grumo
da frantumare in olio d'autunno
e spargere piano sul tuo viso chiaro

ora che gioca al frantoio il tempo
un tonfo di carni partite al macello
mima lo scampanellio dell'arrivo

(inedito)

Eugenio Kaen

Infanzia

Vi ricordate la primavera?
Vi ricordate la luce attraverso le foglie?
Le nubi che corrono veloci?
Le rondini che sfrecciano basse?
Ed è subito tempesta.

I piedini che sprofondano nel humus, sotto ad una filigrana
smeralda, decorata da una diamantina rugiada, e il tempo che
si faceva spazio attraverso una fresca brezza.

E tra le onde emotive,
tra le corse crepuscolari –
ogni piccolo astro si accendeva
e contendeva il cielo a frotte –
e ti confondevi tra il frusciare
ininterrotto delle foglie,
tra il ronzio anonimo
nascosto tra i fiori.

Ci eravamo dati promesse che non abbiamo mai mantenuto.
Il nostro spazio ora è diventato troppo stretto
e l'idillio una distopica realtà.

L'infanzia!
La nostra nostalgia! Un tempo da cui rubiamo tempo per
credere di essere ancora in tempo.
Con l'unica certezza che avremo ancora il tempo che non
tornerà più.

E forse ora,
che ci si spoglia,
come d'autunno,
sospesi tra noi,
tu vorrai
tornare indietro
senza riuscire
a non fallire:

t'eri aperta d'animo;
l'avevi fatto per essere compresa.

Torneremo insieme
a ricordarci frammenti d'un tempo
meraviglioso - come non è mai stato.

Questo è il nostro mondo e se qualcosa vogliamo cambiare è
solo quello di ricordare
un tempo che per strada ha smarrito una parte del nostro
dolore.

(Da *Frame rate*, Santelli, Cosenza, 2018)

Rita Marchegiani

Gli anni dell'incanto

Ti ho portato con me come
una cosa fragile da custodire,
intatta, nelle giornate di pioggia
e vento. Più fragile io a
dipendere dalla tua vita
a cercarti ora nei vuoti che
la tua assenza ha lasciato
e che un nuovo amore non
sa riempire.
Giorni di turbine e tempesta
gli anni dell'incanto,
viverti e sorridere
nello stesso momento
era un'esplosione di gioia la vita.
Guardo indietro
un'ombra mi insegue
ed il primo sole di primavera
raggruppa i ricordi
che affollano le mie ore
che non riesco a lasciare andare.
Sei dentro e sei fuori
sei nell'universo di emozioni
che vivo ogni giorno
ad un passo dal cielo.

(Da *Gli anni dell'incanto*, APE, Terni, 2017)

Bruno Mohorovich

[Il cielo è grigio sulla città]

Il cielo è grigio sulla città.
una coltrina di pioggia leggera
sfiora il mio volto
assente e lontano.
Le gocce che mi sferzano il volto,
sono impermeabili
le lascio scivolare mentre cammino,
all'inutile ricerca di te.
Ho perduto ogni speranza di vederti apparire
e poi, quali parole, quali gesti
potrei usare per ricominciare un dialogo interrotto.
Il cielo è grigio sulla città,
eppure da qualche parte sei,
irraggiungibile
fantasma, che non si manifesta.
Ma io so che da qualche parte sei
nascosta, insoluta nel tuo divenire
incerta sulla via da percorrere.
La strada la sai
ma è il confluire degli incroci
che ti smarrisce.

(Da *Storia d'amore. Una fantasia*, Bertoni, Perugia, 2015)

Renata Morbidelli

Sbocciata

Ho dissodato,
con fatica,
le zolle della
mia anima
per fare
di un prato incolto
un giardino.
Con tenacia e pazienza,
ho piantato
nel mio cuore
il seme dell'amor proprio.
Ho lasciato che le lacrime,
finalmente libere di sgorgare,
lavassero via il dolore
e innaffiassero
il mio fiore.
Ho permesso
a ogni mio sorriso
di irradiarmi il cuore
per colmarlo della sua luce.
Ora non ho più paura
di venire calpestata
né dagli insulti
né dalle opinioni.
Ora la mia anima è libera,
rinata,
sbocciata.

(Pubblicata sulla rivista *Proverso*, n°10, Enero 2017, pp. 64-65).

Morena Oro

Il sospiro di medusa

Piccolo, piccolo uomo, mezzo dio,
che su calzari alati sbandieri
la mia testa come un trofeo
attraversi ancora bianchi cieli ciechi
riflessi nei miei occhi attoniti,
e di essa disponi come una tentacolare arma
perché il tuo smargiasso eroismo ne sia lustrato,
accorri a salvare la bella Andromeda
ch'ella merita tutto il tuo solerte ardore,
la femmina, poverina che, simile a cornacchia,
urla di terrore mentre il mare si solleva e romba,
spalanca fauci dentate, tracimanti gorghi,
tuffati dardeggiando temerarietà, Perseo,
rotea la tua ricurva spada per tranciare
altre mostruose teste più imponenti della mia.

Conquisterai una sposa,
mi getterai fra l'erba col viso in giù.
Con l'inganno m'hai decapitata,
bacia pure questa molle donnetta
cingendola coi tuoi muscoli gonfi
di soddisfatta viltà.
Tu certo credi d'aver compiuto
un glorioso atto di giustizia
decapitando la mostruosa creatura della grotta
sbattuta crudelmente dentro quell'antro infernale
per divina ingiustizia impunibile
poiché incontrastabile e suprema.

Siate voi maledetti, uomini e divinità,
che avete brutalizzato la mia innocenza
quando era un soffio di grazia ineffabile,
inginocchiata nel tempio di Atena
a render venerazione alla sua potenza,
ero avvolta nel vapore setoso dei miei capelli d'oro
e non intendevo ancor ragione del perché
la bellezza scateni implacabili vendette.

Io diversa lo fui da principio,
di tre sorelle ero l'unica mortale,
a me toccava, a lor differenza, d'invecchiare,
di vivere col giogo del tempo intento
a rosicchiare senza requie la mia beltà.
Solo me stessa avevo e io mi amavo.
Guardavo il mondo in limpidezza,
i miei occhi erano vetrate luminose
dove i desideri si affacciavano chiassosi.
Abitavo io il mondo ctònio,
oltre gli Iperborei, dove l'Oriente
si congiunge all'Occidente,
nella più profonda e buia notte,
dove l'indicibile fa strale del mistero
e il primitivo s'agita come un serpente
che genera l'universo dalle sue spire.
E la mia bellezza non era comparabile con nessun'altra
terrena né divina.
Qual era dunque la mia colpa
se la natura, nel volere degli dèi,
così incantevole e ammaliatrice
m'aveva generosamente fatta?

Qual reato esecrabile imputare
ai miei capelli seducenti,
odorosi come i prati in primavera,
instancabili di onde come i mari,
e scintillanti di delizie d'oro come gli astri?

Poseidone fu travolto dal mio splendore,
il mio corpo gli incendiò le vene,
e chissà se il suo sangue divino
fosse salato e cristallino anziché caldo e vermiglio
come quello degli uomini.
Non l'ho mai saputo.
Mi volle, rapace e prepotente,
si tramutò in aquila di mare e mi portò via, infervorato dalla
passione,
e il cielo mi entrava nella gola,
il mio cuore starnazzava con le sue ali.
Non mi chiese se io volessi.
Non si chiese affatto se io volessi.

Ogni dio è così bramoso e arrogante?
Ogni dio dispone dei mortali
a suo diletto e piacimento come una pietanza
da divorare avidamente simile a carne morta?
Si, Perseo, ogni divinità
anche smezzata come te brandisce
il suo volere a suon di vili sotterfugi.
Nel tempio di Atena fui concupita.
Gridai, mi negai e mi nascosi
dietro la sua sacra effige ma quei miei capelli
luminosi erano invitanti traditori.
Poseidone è un dio ma del maschio
ha la deplorevole violenza.

Profanò il tempio della dea
penetrando nella mia bellezza
e Atena ci colse nell'abominio
e non voltò l'incorruttibile viso.

Fu la mia bellezza a indispettirla
neanche lei fosse una povera lavandaia!
Furono le mie celebrate chiome d'oro
a scatenare il veleno che poi mi pose in testa,
sue sono le spire implacabili
di queste serpi che mi si contorcono sul capo
ma non sono che urobori, simboli d'infinito.
Atena non sia lodata per la sua sapienza
ma si erga trionfante come casta protettrice
del più incallito e secolare maschilismo,
la dea guerriera che infierisce sulla vittima
invece di scagliarsi contro lo stupratore.

Non ripudiasti, Atena, l'odioso sopruso di Poseidone
che profanando la sacralità del tempio
simulacro della tua grandezza offese te,
dea guerriera, nata armata e adulta,
sarà che non conosci la tenerezza e l'amore
di una madre, ma solamente la prepotenza
di tuo padre Zeus, per questo vedesti in me
la nemica da condannare, la colpevole
da punire duramente solo perché donna.
Quanto fosti meschina, invidiosa e vipera
come la più piccola delle donnette!

Con orgoglio e fierezza ho sopportato
la tua divina ingiustizia,
meglio la grotta oscura e la solitudine

all'interminabile schermaglia arida
fra la vittima e il suo carnefice
che fa girare ottusamente il mondo!
Se la mia grazia dev'essere un peccato
da scontare, se la bellezza uno scudo terribile
per annichilire, se il sopruso un lecito dettaglio,
allora l'esser mostro mi consola,
riabilita l'anima mia intoccabile
ormai da qualsiasi dissacrazione.
Lascia che ti mostri la perfida banalità
dell'ovvia prospettiva umana, Atena.
La tua congiura con Perseo
per decapitarmi è forse degna
di mitologiche narrazioni,
a te l'Olimpo e tutte le devozioni,
a me i cunicoli di una grotta
dove nascondere l'abominio
che hai plasmato,
a me il ripudio, l'esecrabile fama!

E voi, ipocriti, che continuate
nei secoli a biasimarmi,
dov'è la mia costellazione?
Perseo splende in cielo
quale millenario eroe,
slanciato verso Andromeda
senza che un misero pensiero di compassione
per lo spargimento del mio sangue
gli attraversi quella scaltra mente cosmica.
Attendesti il mio dormire
per tendermi il vigliacco agguato.
Nemmeno tu potevi nulla contro
il gelo furioso dei miei occhi

che dall'odio trasformano la carne in pietra.

Ma pietra era già il mio cuore,
e se nemmeno un dio può provare pietà
a chi volgere lo sguardo,
chi pregare mai quando la brutalità
spegne la luce della tua anima?
Giacevo addormentata,
di marmo il mio cuscino,
sibilavano guardinghi i miei serpenti
poiché Orfeo con la sua cetra
non li incanta affatto.
Mi amano, vegliano in abbracci
aggrovigliati i miei pensieri esiliati.

 S'agitavano forsennati per strapparmi
al soporifero torpore, nascosto dietro al tuo scudo
comparisti nel mio mondo diseredato,
invadesti la mia solitudine reietta
perché il desiderio focoso per la mia fine
ti scorreva violenta nelle vene.
Il tuo ultimo passo,
io sospirai schiudendo appena gli occhi,
il vento sibillino del mio diabolico groviglio
mi trappò dal limbo dei miei aridi sogni.

Sospirai e intravidi solo il tuo piede nerboruto
stretto nei calzari alati.
Poi più nulla.
La tenebra più terribile
piombò come una scure cieca.
Eppure io restai lì a guardarti, Perseo,
ormai invisibile e inoffensiva,

libera dall'odio,
libera dal male, libera da voi.
Libera da me.
Non hai sentito il mio sospiro,
lo spirito che con un gemito si è liberato dal giogo,
la malinconia di una donna
che non ha conosciuto mai l'amore
perché il fato tanto le ha dato
ma molto di più le ha tolto.

Oh, eri così bello, Perseo,
che ho tardato a spalancare gli occhi
e trafiggerti con le mie gelide pupille,
quel sospiro era un pianto eterno
che giaceva sospeso in me
in attesa di cambiare pelle.
Dal mio petto è esalato,
tiepido, tremulo, indifeso
come un pulcino appena nato.
Grugnivo disprezzo, maliarda anaconda
ingoiata dalla montagna e nascosta
ai comuni mortali che andavo poi a stanare
nei boschi dove vagavo infuriata,
satura dei miei legittimi veleni.
Ma sei venuto a scongiurare le mia pena,
Perseo, ti dono tutto il mio sangue
dal quale Pegaso si leva in volo
risorgendo dalla mia grazia violata.

Di me resta l'elegia
della mostruosa forma
che incute terrore,
sugli scudi dei guerrieri

sarò enigmatico amuleto.
Eppure la mia anima
altro non è che il regno
del fragile rimpianto
di occhi nei quali
non mi era concesso indugiare,
il mio cuore non è
che il luogo
di un eterno sospiro.

(Da *Il sospiro di Medusa*, Le Mezzelane, Santa Maria Nuova,
2018)

Gianni Palazzesi

Attimi infiniti (Sei tornato)

Sei tornato
brontolone e prepotente,
nel silenzio della notte
sei tornato ancora
spaventoso e devastante.

Sei tornato
a cancellare il tutto
ad annullare le speranze,
spezzando i sogni dei bambini
gelando i fragili corpi.

Sei tornato
a sciogliere
l'abbraccio degli amanti
catapultandoli senza esitare
oltre la vita.

Sei tornato
a fine estate
come allora,
come nel '76 a Gemona
aprendomi ferite mai guarite.

Sei ritornato
condannandomi…

a rivedere vecchi fotogrammi

a rivivere oggi come allora
attimi infiniti di paura.

(Da *Frammenti d'incertezza*, Simple, Macerata, 2017)

Cinzia Perrone

Mai via da te

Abbatterò quel muro!
Mi costerà sudore e fatica,
ma non importa,
so che ne vale la pena
e ci voglio provare.
Lì dietro c'è un tesoro,
un luogo magico,
dove puoi rifugiarti e trovare ristoro.
C'è una sorgente d'acqua fresca e limpida,
dove puoi dissetarti e rinfrescarti;
c'è un sole che splende sempre,
pronto a rallegrarti anche quando piove;
c'è un mare calmo dalle onde sinuose,
in cui trovare pace e serenità.
Se non riesco nell'impresa
Sarà un vero peccato
Perché tutto quello spettacolo
Andrà sprecato…
Quindi, almeno devo riuscire ad abbassarlo quel muro,
così da renderlo più o meno scavalcabile alle persone,
non a tutte, ma a quelle sentimentalmente atletiche,
perché loro possano godere di quel posto speciale.
Quel luogo magico alberga in ognuno dinoi,
per alcuni è una fortezza inespugnabile.
Non era il tuo caso fratello;
tu ci hai accolto tanta gente,
tanto è vero che al posto del muro
avevi messo una semplice porta:
bastava bussare e la porta si apriva;
ma anche se qualcuno entrava senza permesso

tu non l'hai mai buttato fuori, rinfrancandolo nella tua oasi.
A te non è andata così bene,
ma quel ruolo di anfitrione ti appagava e ti bastava.
Ora sì che sarai ben accolto tu, fratello mio!
Goodbye, ovunque andrai…

(Da *Capelli al vento*, Eracle, Napoli, 2017)

Matteo Piergigli

La panchina

La nebbia tratteggia
la panchina attende
freddo l'inverno
Seppelliti legni
consumati amori estivi
le foglie abbandonate
pigro il netturbino
Il caldo sospirare tornerà
a scrivere, l'amore
non dimentica

Marina Luce Piermarini

D'un tratto ricordai
il camino fermo nell'oscurità
due scopette appese a testa in giù
bambine volano come streghe
il costato è la vela

Ricordai una superficie gialla
in essa il disperdersi del vento
Il flusso della luce vibra nelle spighe
Onde in cui la febbre cresce fino al cuore

Ma dietro quinta muta
orbite cave come polle
(i pioli del silenzio si spezzano)

Ora sei libera
di cucinare pallottole masticate in solitudine
spalmarle di grasso come il boia
pagine
disseminate di papaveri
sanguigne lapidi
vesti arse di stagione in stagione
risa rosse scolpite nelle lacrime

La memoria è una lanterna buia \ illumina fantasmi
le sonore soffitte
stivate di parole
Un verbo coniugato in nebbia
che il poeta beve
Abbeverandosi di sete

Io non sono mia
Io sono\

Faccia che penzola nel vuoto
perché appaia me ne dimentico
perché muoia me ne ricordo
Esserci nell'essere è porta stretta
dove si infilano gatti
che al buio non trovano le pulci.

Fanciulla inginocchiati ora che non comprendi
inginocchiati a pregare
una pietra alla volta
\candela di viola
\candela di mughetto
Le labbra sui sigilli dei morti asciugano dolore
uno alla volta
un legame
una colpa
una luna (gialla come fuga)

Io non sono mia
Io sono
dove – l'erba cresce

Tramutata in pietra anche in pietra soffrirei
Tramutata in fiore anche in fiore soffrirei

Tramutata in vento
(anche in vento)

(Da *Interferenze alla luce*, Italic, Ancona, 2014)

Ilaria Romiti

Io ballo... da sola

Travolta dalle mie seducenti,
controverse,
esaltanti emozioni
...
io ballo,
con le lacrime agli occhi e
il sorriso sognante.

Trasportata da intermittenti pensieri,
assillata da infantili paure e
da mille indecisioni
...
io ballo,
con i miei ricordi
stretti al cuore.

Al buio,
sotto la flebile luce di un lampione,
baciata dai raggi del sole e
stregata dall'enigmatica luna
...
io ballo e
dimentico la tristezza.

Sotto la pioggia,
avvolta dalla nebbia,
incurante di tutto e tutti,

io ballo e…
ballo da sola.

(Da *Emozioni a colore*, Le Mezzelane, Santa Maria Nuova, 2018)

Raffaele Rovinelli

Vergogna

Chiacchiere inconcludenti,
tra mani pulite e sporche
nessuno è esule,
ma tutti son ben colpevoli;

silenzio e onore,
mentre in tutto
dilaga e dilania
il terrore,
verso colonie in rovina,
malgrado patrioti e patriarchi
che vigliacchi indietreggiano
dinanzi l'emergenza
della tanto agognata e pacifica
riunione del mondo.

(inedito)

Oscar Sartarelli

Dolce mia via marchigiana

...e dietro la curva Serra si scorge,
su, del dolce colle rampa la vetta
e prepotente un campanile sporge,
il resto giace sdraiato a valle, e aspetta
che l'occhio lo colga per dargli amore,
mentre già mira il Planino Castello
che contende con Rosora l'onore
di baciare prima il sole novello.
La biscia nera va verso la foce,
bacia lievi dune, senso di pace,
corre verso le acque tra girasoli
e vigne assolate e verdi noccioli
e il sonno degli assioli eppoi del ghiro
e l'Esino con l'airone e i suoi voli.
E giù guarda il mare, aprendo il respiro
all'azzuro infinito, e più s'è soli
mentre monti e mari miro, e sospiro.

(Da *Armonie e dissonanze*, Le Mezzelane, Santa Maria Nuova,
2018)

Fabrizio Sgroi

Multi-gente

E fuori è pieno di gente,
gente di ogni tipo
…dico davvero sai.
Osservo tutto dalla camera quarto piano
di una qualunque casa di città.
Gente alta,
gente bassa,
gente bassissima come il bastone non troppo alto di un
vecchio che passeggia col giornale in tasca in orario
mattutino,
gente altissima come le gambe della giraffa Molly-Bee
dello zoo della città di Wakonda
e che ti saluta sempre ogni volta che le passi vicino
(alcuni dicono che sia smemorata per via dell'età avanzata
e altri che è solo eccessivamente gentile
e che lo considererebbe uno sgarbo eccessivo
non salutarti in tipico stile *giraffesco* "Buongiorno signore")
gente grassa,
gente saggia,
coltello-gente nel taschino,
giallo-gente pure prepotente,
gente allegra e sorridente,
dente-gente,
saltella-gente,
riccio-gente,
cappello-gente,
gente bianca come il latte e gente nera come il nero,
"Avanti gente!" invita l'attore

"lo spettacolo sta per iniziare",
gente a piedi,
scarpe-gente,
sandali-gente,
stivali-gente,
mocassino-gente e chissà perché nessuno a piedi scalzi,
ruota-gente,
gente col cane o a cammello,
in carrozza,
pappagallo-gente nella spalla,
metrò-gente,
tram-gente,
scale-scalini-panchine-gente,
piede ben saldo-gente e l'altro viaa
a far scivolar veloce monopattini del color che preferisci,
occhiali-gente,
lenti-gente che corre per tenersi in forma,
sbronza gente
fiume-gente che va e che viene col sole e con la pioggia
col vento e con la neve.

(Da *Fuori forma*, Italic, Ancona, 2017)

Giorgia Spurio

Boccioli

Il mare tiene a sé
le confessioni di amori,
di padri e figli.

Il bacio di Ade alla Luna
spalanca i cancelli del pianeta
e dell'universo,
fino all'Olimpo dell'abisso,
fin nell'eco che ha il paradiso.

Ed ecco ogni Eco sgattaiola speranzosa
e ognuna si unisce al canto,
dove i traghetti tornano indietro,
dove i draghi fermano gli orologi
sui tetti degli umani insonni,

Caronte torna al passaggio dei vivi.

Bloccati luce e buio,
voci e silenzi,
la Speranza volta tra i lembi
che la notte ricopre
con la sua scura seta
e posa nuovi lumi e nuove candele
e nuovi pensieri.

I demoni tornano angeli.
E tra le metamorfosi e i sogni,

tra le falene degli incubi,
si dissipano i colori,

torna l'argento alla Luna,
torna l'argento al mare,
e gli occhi al Re dei cristalli e delle isole
abbracciato al suo tridente,

e i bambini rapiti tornano alle madri.

La luna non perde più sangue,
risana la ferita
e le lumache di Pleione
la ricoprono di brillanti,
luccichii e penombre,
maschere rotte, mantelli
e cavalli che corrono sui laghi.

Ed è rosa il cielo, sboccia l'aurora
dai granchi che la trasportano
con le nuvole, spuma
dall'acqua per gli angoli dell'etere

ed un fiore partorisce la Luna
abbracciata alla Tenebra,
dal Mare e dalla Morte
un solo suo bacio
come la luce che rifiorisce.

(Da *L'orecchio delle dèe*, Macabor, Francavilla M., 2017)

Lorenzo Spurio

Pareidolia

Mentre la sera divenne torbida di palpiti e boscaioli
(F. G. LORCA, *Poeta en Nueva York*)

Se la notte s'avvera
io non so il suono pesante
e i tralicci di angoscia verde
che recide di netto
quando siede sul trono del buio.
Io cercavo di afferrare
una forma, creare una geometria
con angoli flosci e rette svanite
ma il bonario abete che danza,
ora veleggia in un mare afflitto.
Riconosco quel che uno
immagina del già esperito
ma annullo me stesso e
sbraito negli attimi ineguali.
La cavalletta che vedo ben salda
senza fine appare e scompare
dove s'àncora quando so
che pure esiste e non c'è?
Le stelle son compagne di falene,
meduse telluriche e barbe di allori
nella notte che annuncia se stessa
e riscopre il bivio di ieri.

(Da *Pareidolia*, The Writer, Marano Principato, 2018)

Marco Squarcia

Amandola mia

Amandola mia,
te vurrio portà via.
Pijatte pè mano,
e assieme arrivà lontano.
Perché si bella comme lu sole,
resprenni de luce propria che lasci senza parole.
Si antica comme lu munnu,
che dè un postu cusci vellu.
Te s'i pogghiata là sotto,
quelle montagne che te protegge e te risplenne,
comme na madre co lu panciotto,
che te vole tanto vene, non te sorprenne.
Si nata che eri na frichina,
te si fatta grossa diventenne na signora,
contavi più avitanti de Roma capitolina,
la Regina de li Sibillini, eri allora.
Crescenne te si'nvecchiata,
li paesà tui a lu mare se so' fatti na scampagnata,
ma tu si rmasta fiera e coccolata,
a spettalli alzata.
Glie si raperto le vraccia,
vaciati sulla faccia,
stretti su lu core,
con tanto ammore.
Amandola mia tu si na perla,
per chi vorrebbe avella,
incastonata nell'occhi de chi t'osserva,
e nella mente de chi t'ama senza riserva.

Traduzione:

Amandola mia ,
ti vorrei portare via.
Prenderti per mano,
ed insieme arrivare lontano.
Perché sei bella come il sole,
risplendi di luce che lasci senza parole.
Sei antica come il mondo,
che è un posto così bello.
Ti sei appoggiata là sotto,
quelle montagne che ti proteggono e ti risplendono,
come una madre con il pancione,
che ti vuole tanto bene, non ti sorprendere.
Sei nata che eri una bambina,
ti sei fatta grande diventando una signora,
contavi più abitanti di Roma capitolina,
la Regina dei Sibillini, eri allora.
Crescendo ti sei invecchiata,
i tuoi compaesani al mare se ne sono andati a fare una
scampagnata,
ma tu sei rimasta fiera e coccolata,
ad aspettarli in piedi.
Hai loro aperto le braccia,
li hai baciati sulla faccia,
stretti al tuo cuore,
con tanto amore.
Amandola mia tu sei una perla,
per chi vorrebbe averti,
incastonata negli occhi di chi ti osserva,
e nella mente di chi ti ama senza riserva.

(Pubblicata sul giornale online *Vivere Fermo* il 18-03-2017)

Fabio Strinati

Guerra girotondo

Scendono le lacrime
la neve s'appoggia
sopra anime
nel prato è pigro;
giàcciono distesi
gli echi, urla
di chi sazio dolore
strazio stremato
giace a terra ormai
estinto, sciogliersi
sbiadita foto.

(inedito)

Piero Talevi

Profumo di verbena

Sono salito fin lassù
all'ultimo piano,
ancora su, nell'attico
angusto ma caldo.

Distesa sul letto
tra morbidi cuscini e paiettes colorate
nuda come in un quadro di Goya.
La lampada è coperta da un drappo rosso.

Il profumo di verbena
copre l'odore della pelle
soda e olivastra di lei.

Cercavo un attimo di felicità.
Sono sceso vuoto e triste
pensando a lei giovane madre
picchiata ed umiliata
venuta da lontano.

Domani porterà con sé
il sasso donato col sole inciso,
e bacerà la sua vecchia madre andina,
ricordando le lunghe e fredde notti italiane.

(Da *Profumo di verbena*, Club "Gli amici di Asdrubale", 2009)

Michela Tombi

Alle Marche

La mia terra è fatta
di tante terre in una.
Piccola sulla carta,
tanto vasta
nella sua anima antica.
La sua campagna
è una sposa timida, modesta,
inconsapevole
della sua bellezza.
I romantici colli
la sua splendida corona.
È vestita di un verde
che travolge, che fa perdere...
Mentre mi perdo,
ritrovo me stessa
all'ombra
di un gigante buono,
amorevole.
I suoi rami
sono braccia paterne.
Assaporo un frutto...
Com'è generosa la mia terra,
com'è dolce questa sposa.
Nei borghi,
i gatti
mi fanno da guida.
Le persone,
poche e silenziose,

mi donano
la loro saggezza cangiante.
Sguardi trasparenti
e diretti
al posto
di vuote parole.
Un sorriso autentico
il saluto più sincero.
Questa è la mia terra,
questa,
è la mia pace.

(inedito)

Michele Veschi

Friarelli pirotecnici

Tutti si bloccano.
Tutto si blocca.
I gironi danteschi
I cieli del sommo poeta
In mezzo le luci spente.
Parte l'esplorazione silente
che è per noi un inchino
l'inchino sorridente e timido.
I nasi protesi al cielo,
lecito pensare all'assenso.
In aria, saldando luce e boato.
In aria, saldando luce e boato.
In aria, saldando luce e boato.
Anfiteatro delle passioni
raggomitolio di un abbraccio duraturo
magari per quel vespaio ironico
magari per la stagione
magari per sempre.
Non richiede di pensarci,
nel suo eccesso giustificato d'ilare vanità,
si fecero danzanti,
variopinti, sfidando le direzioni
sfumando la variabile
coprendo il cielo in digressioni.
Senza sfiorire, dando la caccia alla perfezione,
ad una ballata soporifera
per i sistemi di pensiero malagevole.
Singulti di fontane,

respiri, fiotti,
cerbottane di puttini a richiedere di collimare agli abissi
un creativo tocco di polvere in zolfo
nello specchio dove posano i friarielli.
La prima, riceve le prime lusinghe.
Il primo applauso parallelo ai bocci dei nasi
al fiorire che ogni occhio divenga ninfea.
Ora i guizzi dell'iride sembrano inseguirsi
corrono, si susseguono,
colorano, senza sapere chi fosse il principio.
Quell'attimo, l'istinto di separarli
di violarne la rotta,
solo per misurare la maestria del tempo.
Solo per intromettersi nei suoi ingranaggi
quando si spalanca le labbra
per carpire che è già finito.
In aria, saldando luce e boato.
In aria, saldando luce e boato.
In aria, saldando luce e boato.

Jessica Vesprini

Toccare

A volte mi rammarico
di essere anche un corpo,
che si ferisce, si rompe,
si riga, cambia colore.
Quanto è breve
questa nostra capacità di toccare?
Per quanto tempo
ci potremo accarezzare?
Mescolare le lingue?
Ma vale la pena,
vedersi avvizzire e finire i giorni
per lasciarsi abbracciare.

(inedito)

Lorenza Zampa

Esule, quand'è che nascerai?

La tua faccia ti copre, copre l'ombra
che investiga sul tuo dolore
e nessuno vede ciò che può immaginare,
sceglie solo lo spettacolo normale.
Già vecchio, esule, continui a crescere
costretto, dentro di te, a camminare
senza spazi di tempo o luoghi fuori:
disumano è vagare sopra il proprio cuore,
capire di essere sporco per la vita,
che è offerta triste di casualità brutale.

Si sbriciola il senso e nessuno lo raccoglie,
l'aspettativa convertita in tragedia
fa alto il valore del bene individuale.
Dove ti trovo, esule, dove sarai,
quand'è che nascerai?
Sei la vittima dei miei pensieri
su di te: ti plasmo io, come mia paura:
finisci sempre per diventare
quello che di te ci abituiamo a credere.

Soltanto una scarpa, per due gambe,
per il resto non hai che organi singoli,
pronti a farsi sempre trovare, e colpire:
un occhio, un labbro, un orecchio,
un mezzo cuore, per non spargere troppo
la cattiveria che vedi, per soffrire

una volta sola e non per due.
Quand'è che nascerai,
quand'è che ti troverai?

BIBLIOGRAFIA

AA.VV., *Adriatico: emozioni tra parole d'onde e sentimenti*, a cura di Lorenzo Spurio, Stefano Vignaroli e Bogdana Trivak, Ass. Culturale Euterpe, Jesi, 2018.

AA.VV., *Convivio in versi. Mappatura democratica della poesia marchigiana*, a cura di Lorenzo Spurio, vol. 2, PoetiKanten, Sesto Fiorentino, 2016.

AA.VV., *Il rifugio dell'aria. Poeti delle Marche*, a cura di Francesca Innocenzi, Progetto Cultura, Roma, 2010.

AA.VV., *L'amore al tempo dell'integrazione*, a cura di Lorenzo Spurio, Stefano Vignaroli e Alessandra Montali, PoetiKanten, Sesto Fiorentino, 2017.

AA.VV., *Le vie delle donne marchigiane: non solo toponomastica*, a cura di Silvia Alessandrini Calisti, Silvia Casilio, Ninfa Contigiani, Claudia Santoni, ODG, Macerata, 2017.

AA.VV., *Marche: omaggio in versi*, a cura di Bruno Mohorovich ed Elisa Piana, Bertoni, Perugia, 2018.

AA.VV., *Non uccidere. Caino e Abele dei nostri giorni*, a cura di Lorenzo Spurio e Izabella Teresa Kostka, The Writer, Marano Principato, 2017.

AA.VV., *Poesia delle Marche. Il Novecento*, a cura di Guido Garufi, Il Lavoro Editoriale, Ancona, 1998.

AA.VV., *Poeti neodialettali marchigiani*, a cura di Fabio Maria Serpilli e Jacopo Curi, Quaderni del Consiglio Regionale delle Marche, Ancona, 2018.

AA.VV., *Risvegli: il pensiero e la coscienza. Tracciati lirici di impegno civile*, a cura di Marzia Carocci, Iuri Lombardi e Lorenzo Spurio, PoetiKanten, Sesto Fiorentino, 2015.

ANGELELLI Rita, *Ceramiche a capodanno*, Le Mezzelane, Santa Maria Nuova, 2016.

ANGELELLI Rita, *Un'altra vita*, Le Mezzelane, Santa Maria Nuova, 2018.

ANSEVINI Andrea, *Poesia nel diario – 50 pensieri nel tempo*, Ancona, Marcelli, 2010.

AUSILI Marco, *Chissenefrega della rima. La poesia spiegata ai ragazzi*, Armando, Roma, 2018.

AUSILI Marco, *Global Carmina e altre poesie*, Italic Pequod, Ancona, 2017.

BULDRINI Flavia, *All'aurora ti cerco*, ilmiolibro.it, 2011.

CENTINARO Alessandro, *Il ragazzo che volò dal ponte*, Fazi, Roma, 2013.

CENTINARO Alessandro, *Varia materia dell'aria*, Librati, Ascoli Piceno, 2017.

CESARETTI Mauro, *Se è Amore, lo sarà per sempre*, Montag, Tolentino, 2018.

CESARETTI Mauro, *Se è Poesia, lo sarà per sempre*, Montag, Tolentino, 2015.

CESARETTI Mauro, *Se è Vita, lo sarà per sempre*, Montag, Tolentino, 2013.

CORRADUCCI Laura, *Il canto di Cecilia e altre poesie*, Raffaeli, Rimini, 2015.

CURZI Valtero, *Detti memorabili, pensieri e riflessioni dell'omino delle foglie sulla via del Tao*, Le Mezzelane, Santa Maria Nuova, 2017.

CURZI Valtero, *Il tempo del vivere è mutevole*, TraccePerLaMeta, Sesto Calende, 2017.

CURZI Valtero, *Poetando d'amore*, Le Mezzelane, Santa Maria Nuova, 2018.

DACHAN Asmae, *Noura*, Blu di Prussia, Monte Castello di Vibio, 2016.

DACHAN Asmae; AL ZAITR Yara, *Tu, Siria, Recanati*, Communication Project, Recanati, 2013.

DANIA CAMILLA, *E dritti devono andare anche i piedi*, Le Mezzelane, Santa Maria Nuova, 2018.

DE MARCHI Lella, *Paesaggio con ossa*, Arcipelago Itaca, Osimo, 2017.

DE MARCHI Lella, *Stati d'amnesia*, LietoColle, Faloppio, 2013.

FAVA Lorenzo, *Licenza di uccidere*, cinquemarzo edizioni, 2017.

FORESTA Giovanni, *Eco di un percorso*, Il Viandante, Chieti, 2017.

FORESTA Giovanni, *Il cielo sulle spalle*, Il Viandante, Chieti, 2015.

FORESTA Giovanni, *La filosofia del volto. Dal pensiero di Giovanni Foresta al commento filosofico di Arianna Fermani*, Il Viandante, Chieti, 2017.

FORTUNA Marco, *Dimmi le parole*, Ancona, Italic Pequod, 2017.

GALLI Sabrina, *Emozioni tra fiori e pietre*, San Benedetto del Tronto, Ass. I luoghi della scrittura, 2017.

GALLI Sabrina, *I volti del cielo*, Aletti, Guidonia, 2018.

GRIMALDI Fabio, *Gazzella*, Faloppio, LietoColle, 2017.

MARCHEGIANI Rita, *Gli anni dell'incanto*, Terni, Pensa, 2017.

MOHOROVICH Bruno, *Storia d'amore. Una fantasia*, Bertoni, Perugia, 2015.

ORO Morena, *Il sospiro di Medusa*, Le Mezzelane, Santa Maria Nuova, 2018.

ORO Morena, *Memorie dell'acqua*, Simple, Macerata, 2017.

PALAZZESI Gianni, *Frammenti d'incredulità*, Simple, Macerata, 2017.

PERRONE Cinzia, *Annotazioni a margine*, LFA Publisher, Caivano, 2018.

PERRONE Cinzia, *Capelli al vento*, Eracle, Napoli, 2017.

PERRONE Cinzia, *Mai via da te*, Montedit, Melegnano, 2017.

PIERGIGLI Matteo, *Ritagli 2*, Arduino Sacco, Roma, 2016.

PIERGIGLI Matteo, *Ritagli*, Kimerik, Patti, 2015.

PIERMARINI Martina Luce, *Interferenze alla luce*, Italic Pequod, Ancona, 2014.

PIGLIACAMPO Renato, *Nella sera che cala sul litorale. Percorso antologico nella poesia del Guerriero del Silenzio*, a cura di Lorenzo Spurio, PoetiKanten, Sesto Fiorentino, 2016.

PUPILLI Lidia, SEVERINI Marco, *Dizionario biografico delle donne marchigiane*, Il Lavoro Editoriale, Ancona, 2018.

ROMITI Ilaria, *Le mie emozioni*, Le Mezzelane, Santa Maria Nuova, 2018.

ROVINELLI Raffaele, *Sciarade, vol. 1 – Caduta*, Montedit, Melegnano, 2017.

SARTARELLI Oscar, *Armonie e dissonanze*, Le Mezzelane, Santa Maria Nuova, 2018.

SERPILLI Fabio Maria; CURI Jacopo, D'ANNIBALI Gianluca, GEMINI Francesco, Lingua Lengua, Italic Pequod, Ancona, 2017.

SGROI Fabrizio, *Fuori forma*, Italic Pequod, Ancona, 2017.

SPURIO Giorgia, *L'orecchio delle dèe*, , Macabor, Francavilla Marittima, 2017.

SPURIO Lorenzo, *La parola di seta. Interviste ai poeti d'oggi*, PoetiKanten, Sesto Fiorentino, 2015.

SPURIO Lorenzo, *Neoplasie civili*, Agemina, Firenze, 2014.

SPURIO Lorenzo, *Pareidolia*, The Writer, Marano Principato, 2018.

SPURIO Lorenzo, *Scritti marchigiani. Diapositive e istantanee letterarie*, Santa Maria Nuova, Le Mezzelane, 2017.

SPURIO Lorenzo, *Tra gli aranci e la menta. Recitativo per l'assenza di Federico García Lorca*, PoetiKanten, Sesto Fiorentino, 2016.

SQUARCIA Marco, *L'attimo in più*, Simple, Macerata, 2014.

TALEVI Piero, *Le Ninfe del Metauro*, Conte Camillo, Lucrezia, 2017.

TOMBI Michela, *Dentro il mio vento*, auto-prodotto, 2017.

VESPRINI Jessica, *De-Sidus*, ilmiolibro, 2017.

VOLANTE Laura Margherita, *Ti sogno, terra*, Quaderni del Consiglio Regionale delle Marche, Ancona, 2017.

Indice

www.ingramcontent.com/pod-product-compliance
Lightning Source LLC
Chambersburg PA
CBHW020318160726
47992CB00004B/1587